MW01709888

PLANTES D'INTÉRIEUR

PLANTES D'INTÉRIEUR

Plantes feuillues et plantes fleuries, cactus, plantes grasses et orchidées

William Davidson, Clive Innes et Ray Bilton

Copyright © 1998 Quarto Publishing plc

Publié par **Les Éditions Modus Vivendi**
C.P. 213, Dépôt Sainte-Dorothée
Laval (Québec)
H7X 2T4

Dépôt légal: 3e trimestre 1998
Bibliothèque nationale du Québec
Bibliothèque nationale du Canada
Bibliothèque nationale de Paris

Traduit de l'anglais par
Michelle Bachand

Tous droits réservés.
Aucune section de cet ouvrage ne peut être reproduite, mémorisée dans un système central ou transmise de quelque manière que ce soit ou par quelque procédé, électronique, mécanique, photocopie, enregistrement ou autre, sans la permission écrite de l'éditeur.

ISBN 2-921556-59-6

Table des matières

Comment utiliser ce livre

Guide d'utilisation. Ce livre vise à offrir, avec clarté, le plus d'information possible sur la culture des plantes d'intérieur. En introduction, des indications générales sont données: quels sont les éléments à vérifier lorsqu'on achète des plantes, comment les soigner et favoriser leur reproduction, que faire pour les garder à l'abri des insectes nuisibles et les conserver en bonne condition? On y trouve également de l'information sur les diverses méthodes de culture intérieure et des conseils pour créer une pièce jardin.

La suite du livre est divisée en trois parties: les plantes d'intérieur fleuries et feuillues, les cactus et autres plantes grasses, les orchidées.

Dans chacune des parties de l'ouvrage, les plantes sont présentées par ordre alphabétique. Une description donne, en bref, les caractéristiques générales des plantes pour un genre donné et présente, de façon plus détaillée, l'apparence et les habitudes de croissance d'espèces choisies. À cela, s'ajoutent une illustration et un tableau résumant les soins à donner à la plante.

Nom de la famille. Les plantes d'intérieur appartiennent à de nombreuses familles botaniques différentes. Pour chacune des plantes décrites, le nom de la famille est indiqué en haut de la page. Dans les quelques cas où les descriptions concernent des plantes de familles différentes, celles-ci - fougères, plantes carnivores, plantes grasses - sont alors chapeautées par un nom général de groupe.

Nom générique. Pour chacune des familles, l'unité de classification primaire est le genre. Le nom générique est le premier nom de chaque plante et constitue l'en-tête principale de chaque description.

Nom des espèces. Chaque genre peut comprendre plusieurs espèces. Le nom du genre et le nom de l'espèce forment la première et la seconde parties du nom latin de la plante et sont toujours imprimés en italique. On peut retrouver, à l'intérieur d'une espèce, des variétés différentes. Ces dernières forment la troisième partie du nom complet de la plante. Les variétés présentes dans la nature ont des noms latins; les variétés développées par la culture se nomment cultivars et peuvent avoir un nom latin ou commun.

Éviter les problèmes. La lumière, la température, l'eau, les nutriments, etc., jouent un rôle crucial dans le développement d'une plante. Ce tableau de références, facile à consulter, indique les conditions propices à l'épanouissement de votre plante. Les divers symboles assurent une vérification rapide, vous permettant de voir, en un coup d'oeil, le traitement qu'une plante devrait recevoir. Les symboles sont expliqués en détail et l'information est développée plus avant dans la rubrique.

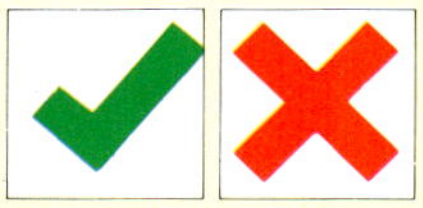

Croix et crochets. Un crochet signifie qu'une condition ou un traitement est bénéfique. Une croix signifie que la condition ou le traitement est contre-indiqué.

Ce symbole montre que la plante a besoin de lumière mais pas des rayons directs du soleil. La plante peut alors être installée près d'une fenêtre.

Ce symbole signifie l'ombre complète. Les fougères, par exemple, apprécient un environnement très ombragé et se trouvent bien dans un coin sombre de la pièce.

Lumière et emplacement. Ce symbole indique une vive lumière du soleil. La plante peut ainsi être placée devant une fenêtre bien ensoleillée.

Ce symbole indique que la plante a besoin d'ombre partielle. Il faut alors la placer dans une pièce claire mais loin de la fenêtre.

Courants d'air. À l'exception de quelques espèces, la plupart des plantes ne tolèrent pas les courants d'air. Soyez particulièrement attentifs à ce symbole.

SINNINGIA / SPATHIPHYLLUM

ARACÉES

Spathiphyllum

Les spathiphyllums sont appréciés à la fois pour leur feuillage et leurs fleurs en forme d'arum. Ils produisent des feuilles vertes et luisantes sur de petits pétioles poussant directement du sol pour former des masses impressionnantes.

L'espèce la plus populaire est le *S. wallisii* qui produit des groupes de minces feuilles vertes plutôt quelconques et des spathes blanches sur de courts pétioles. C'est une plante intéressante sur le rebord de la fenêtre qui offre des fleurs presque toute l'année.

Plus spectaculaire et d'apparence remarquable est l'hybride S. 'Mauna Loa' qui produit de grandes spathes blanches sur des tiges qui dépassent 60 cm.

Le *S. wallisii* et le S. 'Mauna Loa' demandent de l'humidité et de l'ombre. La température doit être raisonnablement chaude, autour de 16 à 21° C. Lorsqu'elles sont bien acclimatées à leur pot, ces plantes doivent être nourries à chaque arrosage durant le printemps et l'été. Pour faire de nouvelles plantes, séparer les touffes de croissance en petites sections, en s'assurant que chaque pièce a deux ou trois feuilles qui y sont attachées, et les empoter dans une terre grasse.

Les spathiphyllums sont des lis arum dont l'attrait réside dans le contraste entre d'une part, leurs feuilles vertes et luisantes, et d'autre, par leurs spathes blanches à longues tiges d'où les spadices centraux émergent. Le *S. wallisii* (en haut), dont les feuilles poussent en groupes compacts, est une bonne plante à mettre sur un rebord de fenêtre, parce qu'elle est un peu plus petite que les autres espèces. Il a besoin d'une nourriture régulière, généreuse au printemps et en été, sinon les bordures des feuilles jauniront et émousseront.

SPATHIPHYLLUM

Lumière et position

Les spathiphyllums aiment un endroit ensoleillé, mais pas le soleil direct.

Amplitude thermique

Fraîche Moyenne Chaude

Les spathiphyllums exigent une température de 15°-21° C. Ils n'aiment pas les courants d'air et ont besoin d'une atmosphère humide.

Arrosage

Le spathiphyllum devrait être arrosé modérément et le mélange à empoter ne devrait jamais sécher complètement.

Nourriture

Employer un fertilisant liquide régulier et administrer aux deux semaines pendant la croissance.

Entretien saisonnier

Hiver Printemps Été Automne

La plante pousse davantage en été et devrait être plus arrosée à ce moment-là. Éviter les surplus d'eau; des vers peuvent bloquer les ouvertures de drainage du pot, c'est à vérifier. Diminuer la nourriture en hiver.

Sol

Les plantes doivent être rempotées chaque printemps dans un mélange à base de terre grasse. S'assurer que le drainage est adéquat.

101

Nom de la plante. Afin de faciliter la consultation, les noms génériques des plantes décrites sur ces deux pages apparaissent ici.

Nom commun. Les noms populaires des plantes d'un genre donné sont indiqués en haut de la page, sous le nom générique. Dans la plupart des cas, ces noms communs s'appliquent à toutes les plantes du genre.

Illustrations. Des photographies des plantes accompagnent le texte, montrant leur couleur, leur forme et leur dimension.

Rubriques. Les rubriques identifient les plantes illustrées et soulignent la matière présentée dans le texte.

Tableaux. Les tableaux fournissent des informations sur les soins à donner à des plantes particulières. En suivant ces repères à propos de la lumière, de l'eau, de la température, etc., le lecteur devrait réussir à faire croître des plantes exotiques à l'intérieur.

Amplitude thermique. Même si elles ne s'épanouiront pas, certaines plantes peuvent survivre à des températures autres que celles indiquées. La température moyenne idéale est donnée pour chaque plante; froide (7° C à 16° C), tiède (16° C à 18° C) ou chaude (plus de 18° C).

1 2

Arrosage. Les principales méthodes d'arrosage des plantes d'intérieur consistent à: **1.** verser l'eau directement sur la terre, **2.** verser l'eau dans le con

3 4

tenant placé sous le pot de la plante, **3.** utiliser un vaporisateur d'eau et **4.** immerger le pot (mais pas toute la plante) dans l'eau.

1 2 3

Engrais. Il y a trois façons de nourrir les plantes d'intérieur. Les symboles indiquent que **1.** la plante devrait recevoir de la nourriture liquide, **2.** en vaporisation sur les feuilles ou **3.** sous forme solide, soit en granules ou en bâton. Il importe de nourrir la plante tel que recommandé. La plupart des plantes nécessitent des nutriments seulement durant la période de croissance.

Entretien saisonnier. Il indique le moment où les plantes requièrent un arrosage et des nutriments. Le bleu pâle indique les périodes où l'on doit arroser; les gouttes signifient un arrosage supplémentaire.

Le tableau d'alimentation est semblable à celui de l'arrosage. Les espaces jaunes marquent le temps de nourrir, les points rouges signifient que l'apport en nutriments est essentiel.

Sol. Cette section précise le genre de terre que requiert la plante. Il existe plusieurs formules mais les deux mélanges à empotage les plus communément employés sont celui à base de terre et celui à base de tourbe.

Introduction

De nos jours les gens sont de plus en plus aventureux dans le choix de leurs plantes d'intérieur, que ce soit pour le salon, une pièce jardin ou une serre. Devant cet intérêt grandissant, les spécialistes de l'hybridation ont développé des plantes jadis exotiques ou rares, pouvant dorénavant être achetées pour usage intérieur et cultivées par des amateurs. Bien que certaines plantes soient plus difficiles à cultiver que d'autres, elles offrent, en contrepartie, un feuillage ou des fleurs inusités et intéressants. La culture réussie d'un spécimen délicat et magnifique est en soi une source de joie. Ce volume vise à permettre à l'amateur d'augmenter ses chances de succès et de réduire sa marge d'erreur dans la culture de plantes amusantes, en lui donnant les informations nécessaires tant sur les soins généraux que sur les besoins particuliers d'espèces spécifiques. La liste alphabétique des plantes contient plusieurs suggestions qui, je l'espère, inciteront les botanistes amateurs à tenter des essais qui sortent de l'ordinaire.

Au dix-neuvième siècle, des naturalistes comme Alexander von Humboldt (ci-dessus) voyagèrent dans les coins les plus reculés du monde à la recherche de plantes exotiques (voir page précédente). Les espèces qu'ils découvrirent furent ramenées et ajoutées aux grandes serres de l'époque.

L'origine des plantes exotiques

Les plantes d'intérieur les plus excitantes que nous connaissons aujourd'hui viennent presque toutes des tropiques. Au dix-neuvième siècle, les botanistes développèrent une passion pour la chasse aux plantes dans les coins les plus reculés de la planète. De fameux chasseurs de plantes, comme Joseph Banks et Robert Fortune, ramenèrent en Grande-Bretagne des espèces rares qui furent répertoriées par la Royal Botanical Society. Elles furent, par la

Plantes hybrides Certaines des plantes intérieures les plus populaires sont des hybrides qui, créés par l'homme, offrent les meilleurs attributs de la souche originale. L'exemple à l'avant-plan montre un *Fatshedera lizei*, un hybride attrayant de *Hedera helix* (en haut à gauche) et de *Fatsia japonica* (en haut à droite). L'hybride résultant possède la feuille et la robustesse de l'hedera et la croissance élevée du fatsia — une combinaison idéale.

suite, cultivées dans les serres de la classe moyenne supérieure victorienne et edwardienne. La recherche de plantes rares et exceptionnelles a évolué, au fil des ans, en un commerce international florissant. Aujourd'hui, le quidam n'a pas besoin de chercher plus loin que le centre horticole local pour dénicher des espèces qui, il y a cent ans, ne se trouvaient qu'au fond de la forêt tropicale humide.

Achat de plantes: ce qu'il faut rechercher

Cet héritage tropical a son importance non seulement sur ce qu'il faut acheter, mais où l'acheter. Lorsqu'on décide de cultiver des plantes délicates, il est très important que la plante soit saine au départ. Pour que la plante soit en bonne condition, l'établissement du fournisseur doit être plus qu'un entrepôt mal chauffé et peu éclairé.

Il semble évident de commencer chez un marchand de plantes professionnel et bien établi. Toutefois, depuis quelques années, les magasins à rayons offrent aussi de nombreuses plantes au botaniste amateur. Étonnamment, les achats faits dans un magasin à rayons bien coté sont souvent équivalents, voire même supérieurs, en qualité, aux plantes trouvées dans un établissement spécialisé. Non seulement les magasins à rayons ne ménagent pas leurs efforts pour procurer aux plantes un environnement sain, mais ils ont aussi un personnel entraîné qui peut donner des conseils éclairés aux acheteurs.

Vous devriez indiquer au vendeur les conditions dans lesquelles la plante évoluera dans votre maison. Un bon vendeur s'informera de la lumière et de la température chez vous et vous suggérera des plantes aptes à s'épanouir dans ce milieu.

Enfin, il est important que le vendeur enveloppe soigneusement la plante avant son départ. Vous verrez parfois, en une froide journée d'hiver, une plante nouvellement achetée, ses feuilles agitées par les vents, serrée dans les mains emmitouflées de son propriétaire couvert jusqu'aux oreilles. Une exposition au froid, même brève, peut endommager une plante de manière irrémédiable. S'il fait froid, insistez pour que la plante soit enveloppée et bien protégée.

Ces simples conseils, vous assurent de conserver des plantes en bonne condition. Les directives, dans les pages qui suivent, vous aideront à maintenir l'aspect sain de vos plantes. Le livre est divisé en trois sections: une partie générale sur les plantes d'intérieur, qui met l'accent sur celles qui ont des feuilles ou des fleurs ornementales et décoratives, puis des parties spécialisées sur les cactus, les plantes grasses et les orchidées. Chaque section donne des conseils généraux et spécifiques sur les soins et l'entretien, en plus de fournir une liste de plantes qui, lorsqu'elles reçoivent les soins adéquats, peuvent pousser à la maison.

Revitalisation d'une plante desséchée
Si une plante ne reçoit pas suffisamment d'eau, ses feuilles se flétrissent et peuvent tomber (ci-haut).

La première chose à faire en cas de déshydratation est d'ameublir la couche supérieure de terre (ci-haut). L'eau pourra alors atteindre les racines.

Si la plante est très desséchée, il est indiqué de vaporiser les feuilles avec de l'eau tiède.

Après l'arrosage, il faut laisser la plante se drainer.

Vérifier si la plante possède des bourgeons sains qui semblent pouvoir fleurir. Si la plante a été laissée dans un courant d'air froid, les bourgeons de fleurs risquent de tomber dès que la plante sera déplacée.

Vérifier si les fleurs sont claires et non fanées. Des plantes vigoureuses comme les bégonias nécessitent de l'eau et de la nourriture régulièrement afin de donner des fleurs saines et abondantes. Les flétrissures et le brunissement indiquent que la plante a faim.

Vérifier si le feuillage est fort, bien coloré, libre de taches. Des taches ressemblant à des cloques et des points bruns révèlent la présence de champignons et/ou de bactéries. Des cercles et des marbrures peuvent être causés par des virus.

Vérifier si les tiges sont propres et solides. Une couche blanche poudreuse peut indiquer de la moisissure causée par un environnement humide et stagnant.

Signes de santé
L'achat d'une plante vraiment saine est la démarche la plus importante pour s'assurer du succès d'un jardinage intérieur. Ces magnifiques *Begonia hiemalis* 'Rieger' éclatent littéralement de santé. Les feuilles sont fermes et brillantes, les fleurs sont fortes et vibrantes et la plante entière semble robuste. Prenez la peine de regarder partout dans l'établissement. Si les autres plantes sont propres et bien entretenues, il y a de bonnes chances pour que celles mises en vente soient en bonne santé. Mais n'emportez pas la plante choisie avant d'avoir vérifié en détail tous les points mentionnés ci-dessus: cela vous évitera des désappointements ultérieurs.

Entretien général

PRESQUE CHAQUE PLANTE apportée à la maison présentera un défi à son propriétaire. Même si l'environnement que vous lui procurez est très bon, il ne présente pas la stabilité et les conditions de la serre dans laquelle elle a passé la première partie de sa vie. L'atmosphère de la serre est rigoureusement contrôlée: de l'humidité si nécessaire, un bon éclairage et des soins quotidiens assurés par un jardinier compétent qui gagne sa vie à maintenir les plantes dans des conditions optimales. Toutefois, si vous suivez les prochains conseils à propos de vos propres plantes d'intérieur, le risque d'échec sera très réduit.

Un jardinier professionnel vous donnera de bons trucs pour l'entretien général des plantes. D'abord, le travailleur en serre s'assurera qu'il n'y a pas d'insectes nuisibles ni de maladies. La terre utilisée pour l'empotage sera stérilisée à la vapeur et tous les pots seront neufs ou nettoyés à fond. Presque toutes les plantes, et surtout les plantes à fleurs, ont besoin d'un bon éclairage pour croître. Le jardinier professionnel leur donne un bon éclairage tout en évitant de les exposer à un soleil trop brillant. Au besoin, il recouvrira les vitres d'un tissu qui produira un certain ombrage. Enfin, la serre sera toujours chauffée à la température adéquate pour les plantes qui s'y trouvent.

Le jardinier, après s'être assuré que les plantes sont saines, les enveloppera et les mettra en boîte avec soin, afin qu'elles arrivent à la maison de l'acheteur éventuel en parfaite condition; alors essayez de les conserver ainsi. Il peut sembler superflu d'insister pour que la plante soit déballée dès son arrivée à la maison, mais ce point est souvent négligé et prive la plante de la lumière essentielle à son bien-être. Les plantes peuvent avoir voyagé pendant des centaines de kilomètres après avoir quitté la serre et peuvent avoir séché durant le voyage, alors vous devez vérifier immédiatement leur besoin en eau; certaines plantes sèchent rapidement.

À cause de l'intérêt suscité par la culture des plantes d'intérieur, pour leur beauté en soi plutôt que pour leur seule valeur décorative, il n'est pas rare de voir des pièces leur être entièrement consacrées. Avec un éclairage, une température, un arrosage et une humidité contrôlés, il est possible de faire pousser une grande variété de plantes fleuries et feuillues.

Pots Des pots en terre cuite naturelle sont décoratifs et fournissent une base stable pour les grosses plantes. Ils permettent au mélange de terre de respirer grâce à la porosité de l'argile. Des pots en plastique léger, disponibles en couleurs variées, aident à garder l'humidité dans le mélange à empotage.

Mélanges à empotage Des mélanges à base de terre, préparés à partir de terreau stérilisé, procurent un support ferme et une nutrition naturelle de plus longue durée. Les mélanges légers sans terre, à base de tourbe, sont très utiles pour la culture d'intérieur.

Accessoires Comme pour le jardinage extérieur, ces objets sont essentiels au bon soin des plantes: gants, ficelle lieuse, sécateurs et ciseaux.

Pesticides Vaporisateurs en aérosol, poudres, comprimés et liquides sont disponibles pour se débarrasser des insectes nuisibles et des maladies. Suivre les indications sur l'étiquette.

Engrais Lorsque la valeur alimentaire naturelle du mélange à empotage diminue, employer un liquide, un comprimé, des granules ou un bâton de fertilisant pour garder les plantes en santé.

Accessoires d'arrosage Employer un arrosoir muni d'un long bec verseur qui atteindra le milieu de la plante. Un vaporisateur contribuera à maintenir l'humidité des plantes d'intérieur.

Équipement essentiel Comme la plupart des passe-temps, le jardinage d'intérieur nécessite un ensemble d'outils et un matériel de base. Ils sont généralement en vente sous le même toit que les plantes. C'est bien ainsi car on peut, du même coup, choisir l'équipement adéquat qui permettra d'assurer aux plantes une bonne croissance. Puisque la plupart des matériaux essentiels, comme les mélanges à empotage, sont préparés et empaquetés pour être utilisés à la maison, même les plus hésitants des jardiniers amateurs devraient se sentir encouragés à commencer.

Regrouper des plantes dans un même pot crée un ensemble agréable à l'oeil et aide les plantes qui bénéficient de l'humidité du groupe.
Écran visuel Des plantes grimpant sur un treillis (ci-dessous) forment une séparation originale et efficace entre la salle à dîner et le séjour.
Pièce jardin La plupart des plantes d'intérieur s'épanouissent à la lumière. Dans cette cuisine/jardin (illustration du bas) les fleurs écarlates des géraniums contrastent avec les verts froids des fougères et des palmiers.
Regroupement à la fenêtre Un étalage de plantes devant une fenêtre (en bas à droite) crée un superbe effet.

Soin des feuilles Les feuilles mortes, comme celles à la base de ce cyclamen (à droite), devraient être retirées régulièrement. En dépit des soins et de l'attention qu'on leur porte, les feuilles mortes ne revivent pas.

Engrais
Des pastilles alimentaires sont insérées dans le sol. Lorsque la plante est arrosée, la pastille relâche une quantité adéquate de nourriture.

Fertilisant en bâton
On les pousse dans le sol, le long du bord du pot; ils sont préparés pour libérer des nutriments durant un certain temps.

Engrais liquide
Peut être donné aux plantes au moment de l'arrosage. L'engrais en poudre peut aussi être ajouté à l'eau.

Humidité Plusieurs plantes requièrent plus d'humidité que celle existant dans l'atmosphère d'une maison normale. Si c'est trop sec, la perte en eau s'accélère et la plante se dessèche. Vous pouvez prévenir cette situation en plaçant les pots sur un lit de cailloux ou de gravier, ou encore en comblant l'espace entre le pot et le cache-pot avec de la tourbe humide.

Arrosage

Si les plantes sont sèches, verser de l'eau sur la surface de la terre, avec un arrosoir à petite ouverture. Verser jusqu'à ce que le surplus d'eau s'écoule par l'orifice situé à la base du pot. Si la plante est excessivement sèche, elle doit alors être immergée dans un seau d'eau. Tenir le pot avec vos doigts et placer vos pouces sur la terre avant de le plonger dans l'eau. Laisser le pot dans l'eau tant que des bulles d'air se libèrent. Si la plante est vraiment assoiffée, l'exercice peut être répété à chaque arrosage (peut-être deux à trois fois par semaine).

L'eau de pluie est généralement meilleure pour les plantes qui n'aiment pas la chaux, mais ce n'est pas essentiel. Il est important de ne pas employer de l'eau très froide, directement du robinet, lorsqu'on arrose des plantes tendres, comme les violettes africaines. La meilleure façon est de remplir un contenant d'eau et de le laisser à la température de la pièce pour la nuit ou de le placer sur un radiateur pour quelques heures. Il faut éviter d'arroser avec une eau trop chaude ou trop froide.

Alimentation

Votre plante a grandi dans une serre où elle a été nourrie régulièrement, du moins tel que requis. Si la plante a été habituée ainsi, il faudra continuer dans la maison, autrement elle souffrira de décoloration et déclinera.

On peut trouver chez les horticulteurs un grand choix de fertilisants, de toutes formes. Le choix de celui qui sera le meilleur pour votre plante est une question d'essai et d'erreur. Le fertilisant sous forme liquide est probablement le meilleur, car la plante peut l'absorber plus rapidement. Vous pouvez acheter des poudres qui sont diluées dans l'eau, formant ainsi un aliment liquide, ou

L'emplacement est la clé qui permet à vos plantes de produire le meilleur effet. Les plantes au feuillage vert réagiront mieux dans un éclairage minime que celles dont le feuillage est versicolore ou très coloré, alors que presque toutes les plantes à fleurs ont besoin d'un bon éclairage pour s'épanouir.

Si une pièce est grande et suffisamment éclairée, un emplacement en coin peut s'avérer agréable pour la plante nécessitant de la lumière et une température modérées. Plusieurs genres de plantes feuillues seront heureuses ainsi, en autant que le coin de la pièce n'est pas trop sombre.

À cet emplacement, même si la lumière entrant par la fenêtre est bloquée par un arbre à l'extérieur, la lumière chaude du soir sera présente durant presque toute la saison estivale. Les philodendrons, même s'ils réussissent mieux à la lumière, peuvent s'adapter et tolérer l'ombre.

Les plantes nécessitant des conditions modérées, mais un bon éclairage, profiteront de cet emplacement. Cependant, il faudra les protéger du fort soleil matinal.

Cette fenêtre laissera entrer beaucoup de lumière, y compris les chauds rayons du soleil d'après-midi. Les plantes pourront brûler durant l'été si un store ne les protège pas. Les plantes fleuries et versicolores s'épanouissent dans un environnement bien éclairé.

Le coin de la pièce qui ne reçoit pas de forte lumière est trop sombre pour les plantes fleuries. Les fougères aiment l'ombre si l'humidité et la température sont adéquates.

Une pièce ombragée durant presque toute la journée est triste. Plusieurs plantes résistantes préfèrent vivre dans des températures fraîches.

Mesure de l'intensité lumineuse (ci-dessus) Un appareil pour mesurer le degré de luminosité peut être utile. Réglez le cadran pour une vitesse de film ASA 25. Tenez une feuille de papier à côté de la plante et le cadran à mesurer au-dessus du papier. Ajustez la minuterie selon la lecture de luminosité obtenue et vérifiez l'arrêt f nécessaire pour une vitesse d'obturateur d'un quart de seconde. F64 ou f32 indique un ensoleillement direct, f16 une lumière vive et f8 une lumière moyenne.

La direction et l'intensité de lumière disponible pour une plante d'intérieur affectent sa croissance. Une plante placée près d'une fenêtre, contre un mur blanc (en bas à gauche), reçoit la lumière reflétée par la fenêtre. La lumière est aussi reflétée par le mur, ce qui permet à la plante de pousser droit. Une plante placée contre un mur sombre (en bas à droite), ne reçoit pas de lumière reflétée et penchera vers la fenêtre, unique source lumineuse.

Contenant bien pensé Le positionnement stratégique de deux plantes différentes dans le même pot (ci-dessus) est logique. Les grandes feuilles tombantes du rex bégonia cachent la tige bien droite du *cissus antarctica*. Un mélange coloré de plantes et de pots (à droite) compose un tableau délicieux dans n'importe quelle pièce.

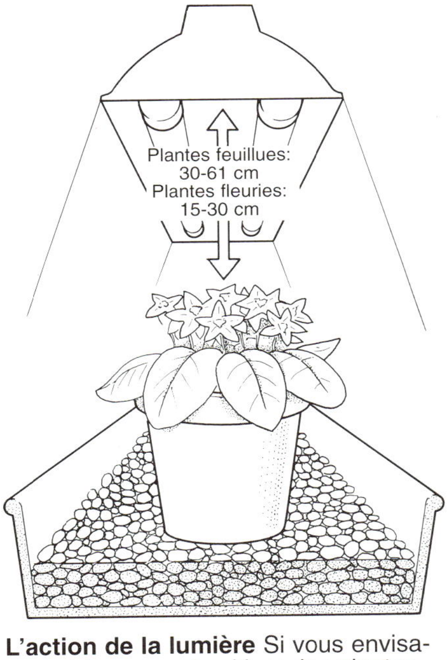

L'action de la lumière Si vous envisagez sérieusement cultiver des plantes d'intérieur sous éclairage artificiel, installez votre arrangement comme celui ci-dessus. Utilisez des tubes fluorescents, idéalement ceux qui produisent une lumière équilibrée, et suspendez-lès à 15-60 cm de vos plantes (selon le type). Un bac de cailloux favorisera une bonne humidité.

Ampoules ordinaires Si vous illuminez votre arrangement de plantes avec des ampoules incandescentes régulières, le résultat peut sembler joli, mais les plantes ne recevront pas suffisamment de lumière ou une sorte de lumière qui ne les aidera pas à croître. Cependant, comme supplément nocturne, il vaut la peine de l'essayer. Évitez de brûler les feuilles du haut.

Récipients lumineux Un arrangement qui combine des lampes et des contenants de plantes peut être charmant. Servez-vous-en pour des plantes à racines superficielles qui profitent bien d'un éclairage supplémentaire le soir, comme les violettes africaines. Vérifiez avec soin le mélange à empotage afin qu'il ne sèche pas trop vite et ne mettez pas une lampe trop vive.

Rempotage Avec précaution sortez la plante du pot, avec la terre qui s'y attache. La plante sera rempotée dans un nouveau pot de 5 cm plus large.

Mettez environ 3 cm de terre dans le fond du nouveau contenant, placez le vieux pot dedans et comblez l'espace entre les deux avec de la terre.

Pressez la terre entre les deux pots et poussez le pot intérieur fermement dans le plus grand.

Le niveau de terre entre les pots devrait être au bord du pot qui se trouve à l'intérieur. Il peut maintenant être enlevé en le tournant.

Ce vieux pot aura laissé une dépression dans la terre du nouveau pot, dans laquelle la plante sera insérée.

Une fois la plante insérée, pressez la terre autour d'elle. Enfin, arrosez la terre jusqu'à ce que le surplus d'eau s'échappe par le fond.

vous pouvez employer des fertilisants à action lente sous forme de pastilles ou de bâtons. Ceux-ci sont poussés dans le sol afin de nourrir la plante sur une longue période de temps et sont utiles pour les plantes difficilement accessibles ou celles dont les propriétaires oublient de les nourrir. Il y a aussi les aliments à feuilles que la plante peut absorber par son feuillage et qui sont utiles pour celles dont les racines sont fragiles, comme les petites fougères.

Conditionnement

Un jardinier professionnel ne songerait pas à transférer les plantes directement de la serre en pleine terre, à moins que la température extérieure soit très douce. Les plantes doivent être conditionnées pour s'acclimater aux changements de température; retirez-les de la serre et placez-les dans une serre plus fraîche ou dans un cadre froid jusqu'à ce qu'elles soient conditionnées à une température plus basse. Il faut faire de même pour les plantes d'intérieur qui ont poussé sous la forte clarté d'une serre: elles doivent s'acclimater progressivement à des intérieurs plus sombres.

L'élégant figuier pleureur, *ficus benjamina*, apprécie un bon éclairage, mais pas le franc soleil. Il réagit à un faible éclairage en perdant ses plus vieilles feuilles. Il est donc utile de vous rappeler, si vous voulez placer cette plante dans un coin sombre de la maison, de la conditionner progressivement à accepter un degré plus bas d'éclairage. La même règle s'appliquerait si vous placiez des plantes dans une pièce plus fraîche. Il faudrait les habituer au changement de température en baissant celle-ci graduellement.

Température

Dans le soin des plantes d'intérieur, la température est primordiale, mais personne ne peut fournir à chaque plante qu'il possède des conditions idéales. Les besoins en chaleur varient d'une plante à l'autre. Les lierres par exemple aiment grandir à des températures fraîches, alors que les crotons et les calatheas préfèrent la chaleur. Si vous aimez vous entourer d'une grande variété de plantes, vous devrez trouver un heureux compromis.

La température moyenne de la pièce doit se situer entre 16 et 21° C. Vous serez surpris de constater que les plantes réagissent bien si elles ont suffisamment de lumière et qu'une culture bien standardisée est maintenue.

Lumière

Afin de satisfaire au besoin d'éclairage d'une plante, la lumière naturelle du jour peut être augmentée par une lumière artificielle le soir. Certaines plantes plus robustes peuvent même être conditionnées à survivre seulement à la lumière artificielle.

Entretien

C'est une excellente habitude que de maintenir les plantes propres et ordonnées, mais on ne doit pas s'en occuper sans cesse. Lorsque des feuilles ont jauni et sont mortes, aucun degré d'attention et d'encouragement ne les ramènera à la vie. Ainsi, un bon entretien complet au début de la saison de croissance et ensuite à la fin de cette même saison est une bonne idée. Les croissances maigrichonnes doivent être enlevées et les morceaux tombants devraient être attachés dans leur position normale et soutenues par des tuteurs si nécessaire. La fin de l'automne est généralement la bonne période pour émonder les branches, ceci afin d'aider les jeunes pousses à fleurir rapidement.

Le nettoyage des feuilles naturellement luisantes peut améliorer l'apparence des plantes d'intérieur. On trouve sur le marché plusieurs produits chimiques à cette fin. Les feuilles plus grandes et solides, comme celles de la plante caoutchouc, peuvent être nettoyées avec une solution d'eau tiède à laquelle un peu de détergent aura été ajouté.

Rempotage

N'importe quelle période de l'année convient pour le rempotage, à l'exception du milieu de l'hiver, alors que la croissance est presque au point mort. Le printemps est probablement le temps idéal, mais si les plantes grandissent bien et dans de bonnes conditions, il n'y a pas de raison pour qu'elles ne puissent être rempotées à d'autres moments de l'année. Lorsque de grandes plantes se trouvent dans de petits pots à l'achat, il est recommandé de les rempoter immédiatement, car elles pourraient mourir de faim avant l'arrivée du printemps. On sera bien avisé de vérifier leurs racines lorsqu'on les apporte à la maison, afin de les rempoter si le développement de ces dernières est excessif. On fera attention de ne pas choisir un pot beaucoup plus grand que le précédent. De très grandes plantes nécessitent en général de grands pots, mais lorsqu'elles grandissent dans un pot de 18 cm ou de 29 cm elles seront maintenues simplement par une nourriture régulière.

Un boîtier de Ward
C'est une serre miniature baptisée du nom du Dr Nathaniel Ward qui découvrit, par hasard, que les fougères ont besoin d'une atmosphère humide et doivent être protégées de la fumée et des courants d'air afin de croître avec succès. Ward, un excellent entomologiste, faisait une expérience sur les sphinx lorsqu'il enferma accidentellement, dans une bouteille hermétique remplie de terre humide, une graine de fougère avec une chrysalide. La plante s'y développa et Ward se mit alors à fabriquer divers contenants, de formes variées, destinés aux fougères.

Terreau à empotage

Il existe maintenant tellement de marques différentes qu'il est difficile de donner un conseil quant au meilleur choix de terreau. Cependant, presque toutes les plantes d'intérieur, se comportent mieux avec un mélange contenant une forte proportion de tourbe. Dans un mélange fort en argile, les racines deviennent moins actives, car elles ont de la difficulté à pénétrer le sol plus compact. Si vous utilisez les mélanges testés et reconnus par la vieille école de jardinage, il est sage d'y ajouter une bonne quantité de mousse de sphaigne pour alléger le mélange. Quelques plantes bénéficieront d'un mélange plus lourd qui les gardera plus touffues et réduira le risque de les voir prendre du volume vers le haut. Il est important de se rappeler de toujours arroser la plante avant de la retirer de son pot. Ceci contribuera à mêler l'ancienne et la nouvelle terre et réduira les dommages causés aux racines.

Couche de surface

Certains jardiniers ont tendance à rempoter leurs plantes continuellement, avec le résultat que plusieurs plantes se trouvent dans des pots ridiculement hors de proportion avec leur dimension. Plutôt que de rempoter, on peut ajouter une couche de surface. Ceci consiste à retirer la croûte durcie et à enlever cinq centimètres de terre en surface. Un bâton pointu servira à ameublir le sol et à éliminer en même temps les graines et les mauvaises herbes. Lorsque cette couche de surface est enlevée, le bâton peut être employé pour aérer la terre qui reste avant d'y ajouter une ou deux poignées de terre fraîche.

1

2

3

4

5

6

Créer un terrarium Le jardinage miniature exerce une certaine fascination, spécialement lorsqu'il s'agit de planter un terrarium. Plusieurs plantes s'épanouissent dans l'atmosphère humide qui se forme dans le contenant de verre presque hermétique. L'humidité exhudée par les plantes se condense sur le verre et est recyclée. L'entretien est réduit au minimum: nettoyage du verre et émondage occasionnel.

1 Les terrariums sont disponibles sous diverses formes et grosseurs. Ce motif de verre plombé apporte un charme antique aux plantes en étalage.
2 Remplir la base du terrarium avec une couche de mélange à empotage composé de tourbe, d'une profondeur d'au moins 8 cm. Des pièces de charbon et des cailloux pourront avoir été déposés au fond, afin de contribuer au drainage.

7

3 Dépoter soigneusement les plantes et vérifier l'état des racines. Arroser chaque plante avant de la transférer dans le terrarium.
4 Insérer les plantes dans des dépressions déjà aménagées, en commençant par le fond et en allant vers l'avant. Pour un étalage complexe, il est recommandé de dessiner préalablement un plan sur papier.
5 Planter de petites plantes qui ne grandiront pas trop rapidement. Ce fittonia à petites feuilles (Petite peau de serpent) est un choix idéal.
6 Remplir autour des plantes et s'assurer que toutes sont solidement ancrées avant d'arroser à nouveau.
7 L'arrangement final. Les fines rayures des feuilles du fittonia font écho aux délicates frondes de la fougère pteris. La hauteur est obtenue par un petit spécimen de *Neanthe bella*.

Insectes nuisibles et maladies

SI LE JARDINIER de plantes d'intérieur veut prévenir une épidémie qui pourrait détruire toute sa culture, il doit avoir un programme rigoureux de contrôle des insectes nuisibles et des maladies. Même si beaucoup d'argent est dépensé chaque année en prévention, les aphis (pucerons), les tétranyques (mites) et la moisissure seront toujours un problème. Pour lutter contre ces nuisances, il faut de la vigilance et une action rapide et efficace. Si, par exemple, les tétranyques se nourrissent et se reproduisent sur une plante, elles se multiplieront rapidement et envahiront complètement leur hôte avant d'aller vers un nouveau terrain de reproduction. De la même façon, si les spores blanches poudreuses de la moisissure ne sont pas contrôlées, elles se répandront sur le feuillage et pourront tuer la plante.

L'inspection des plantes pour détecter les insectes

Même si certains insectes nuisibles peuvent entrer par une fenêtre ouverte, il est plus probable qu'ils se trouvaient déjà sur la plante lors de son achat. Vérifiez soigneusement toutes les plantes que vous envisagez

Inspection des racines. La plante doit être sortie du pot pour l'inspection des racines. Toute celles qui sont brunes et semblent malades doivent être doucement séparées de la masse. La couche externe doit être pelée délicatement pour vérifier si la pourriture s'est installée dans les racines.

Achat d'une plante. Il faut prendre son temps à l'achat d'une plante. L'examen attentif de son apparence générale est essentiel et indique rapidement son état. Les feuilles doivent être souples et exemptes de taches, de couleur saine. Le dessous des feuilles, en particulier, doit être examiné pour y détecter la présence d'insectes nuisibles ou de maladie. Si possible, vérifier les tiges de la plante près du sol, pour déceler tout signe de pourriture.

acheter et rejetez tout ce qui donne des signes évidents de présence d'insectes ou de maladie.

La moisissure peut être reconnue par des taches blanches poudreuses se retrouvant habituellement sur le dessus des feuilles, mais apparaissant parfois sur les fleurs. Les pucerons se voient surtout au printemps et en été. Ils se nourrissent de l'extrémité des jeunes pousses, il faut donc toujours vérifier la portion supérieure de la plante.

La mouche blanche peut être une source de problèmes car elle est difficile à chasser une fois installée, alors surveillez-la sur le dessous des feuilles. Les deux plantes fleuries qui en sont souvent infestées sont le poinsettia et l'hibiscus. En touchant légèrement les feuilles de ces plantes vous verrez la mouche blanche adulte s'envoler immédiatement.

Les cochenilles des serres et les coccidés constituent aussi un problème; ils s'insèrent dans le feuillage et entre les tiges et les feuilles des plantes. Les coccidés peuvent être très embêtants; leurs excréments tombent sur les feuilles basses, produisant une couche de moisissure miellée noire, collante et désagréable à voir. Les adultes et les jeunes collent au-dessous et sur les tiges des plantes comme le *Ficus benjamina*, donnant ainsi l'impression de faire partie de la plante. Les coccidés peuvent être enlevés avec l'ongle, mais si vous les détectez à l'achat, il est préférable de choisir une plante propre, car ces insectes peuvent constituer un problème lorsqu'ils se retrouvent en quantité.

L'inspection des plantes pour détecter les maladies

Il n'est pas facile de vérifier les racines à l'achat, mais si le dommage est avancé cela paraîtra sur les feuilles. Pour bien inspecter la plante, il est souvent nécessaire d'enlever le papier qui l'enveloppe, car il peut cacher des anomalies. Quelques feuilles décolorées à la base de la plante sont en général sans importance, mais si les feuilles décolorées se retrouvent partout, il faut rejeter cette plante. La décoloration sur le pourtour des feuilles signifie soit une maladie des racines, soit que la plante a été trop nourrie.

Insecticides

L'utilisation des insecticides doit se faire en suivant à la lettre les indications du manufacturier. Il ne faut pas faire d'expérience, car les insecticides commerciaux ne sont pas recommandés pour un usage domestique. Les insecticides toxiques ne devraient jamais être utilisés ailleurs que dans un environnement contrôlé

Signes de mauvaise santé Les plantes d'intérieur, malheureusement, subissent une kyrielle de facteurs qui tôt ou tard commencent à ternir l'aspect sain qui vous a séduit. Parfois, vous êtes responsable des dégâts; en d'autres occasions, vous pouvez blâmer les insectes nuisibles et les maladies qui sont entrés par la fenêtre. Quelle qu'en soit la cause, l'identification adéquate des symptômes est la première étape vers la guérison.

Pourrissement de la tige La base noircie de cet heptapleurum (ci-haut) est un signe certain de pourriture de la tige. Un arrosage excessif est habituellement en cause et la guérison est impossible.

Sous-alimentation Cette feuille de bélopérone (ci-dessus) se porte mal. Son apparence tachetée, sa pointe brunie et sa mollesse indiquent une grave déficience en nutriments dans le sol. Si une alimentation adéquate est donnée, la plante pourra bien réagir.

Pot trop petit Ce bélopérone a besoin d'être rempoté depuis un certain temps. Quand les racines manquent de terre, elles poussent en cercle.

Froid et sec Les marantas s'épanouissent à la chaleur et à l'humidité; cette feuille (ci-dessus) montre que ces deux éléments sont insuffisamment présents.

Dommage physique Voilà des signes évidents de mauvais traitements et, il est trop tard pour les corriger. Cette feuille flétrie de dieffenbachia, a été grugée par des animaux domestiques.

Arrosage excessif Un caoutchouc (ci-dessus) se courbe lorsqu'il se 'noie'.

Froid et humidité Cette feuille malade de codiaeum (ci-dessus) est la triste victime d'un froid humide.

Défilé de feuilles Cette collection de feuilles (ci-dessous) montre distinctement les symptômes classiques d'un sous-arrosage.

Hygiène et contrôle des insectes nuisibles Si vous gardez vos plantes d'intérieur propres, vous n'aurez probablement pas besoin d'insecticides. Les plantes résistantes aux feuilles luisantes (ci-dessus) peuvent être nettoyées avec une eau savonneuse. Les feuilles légèrement duveteuses et délicates des violettes africaines (en haut à droite) doivent être manipulées avec précaution. Une brosse douce peut être employée pour enlever la poussière de surface; aucun liquide ou aérosol ne devrait être utilisé.

adéquatement. Les insecticides recommandés pour usage à l'intérieur sont considérés comme sécuritaires. Malgré tout, si les plantes peuvent être transportées, il serait plus sage de s'installer à l'extérieur pour les vaporiser avec l'insecticide. Lorsqu'on applique un insecticide liquide, il faut s'assurer que tout le feuillage de la plante est traité et pas seulement la partie supérieure des feuilles. La plupart des insectes nuisibles, comme la tétranyque et la mouche blanche, se cachent sous les feuilles; or, il est important que le produit chimique utilisé les touche directement. Pour se protéger des vapeurs, on peut mettre un masque de gaze ou un mouchoir sur le nez et la bouche, tout en portant toujours des gants de caoutchouc pendant la manipulation.

Après saturation des feuilles, il faut laisser la plante à l'extérieur pour que les feuilles sèchent et que l'odeur désagréable disparaisse. Pendant ce temps, éviter une exposition directe au soleil ainsi qu'une température froide.

Insecticides en aérosol

Les insecticides en aérosol sont très efficaces contre plusieurs espèces d'insectes, mais doivent être manipulés avec soin. La vapeur d'arrosage ne doit pas être dirigée directement sur les feuilles, mais doit plutôt viser à saturer l'atmosphère autour de la plante. Il est également important de vaporiser l'insecticide le soir, de façon à ce que le tout soit évaporé le lendemain matin. Autre alternative, les plantes pourraient être déposées dans un garage ou une remise pour l'application du traitement. L'important est de prévenir la dispersion trop rapide de la vapeur d'insecticide.

Insecticides systémiques

Ces insecticides protègent les plantes des insectes nuisibles pendant une longue période de temps. Ils sont très faciles à employer et sont disponibles sous forme de pastille ou de bâton, qu'il suffit de pousser dans le pot. La plante absorbera le produit chimique et les insectes prédateurs seront tués lorsqu'ils suceront la sève tirée de la plante. Ces insecticides sont parfaits pour les grosses plantes qui ne peuvent être transportées et pour celles qui sont suspendues ou difficiles à atteindre.

Hygiène

Quand tout a été dit et fait, le meilleur contrôle des insectes nuisibles demeure l'hygiène. Un bon entretien peut faire une grande différence dans la santé de vos plantes; les plantes propres risquent moins l'infestation que celles qui sont négligées, dont la croissance est échevelée ou le feuillage mort. Les insecticides sur les plantes d'intérieur doivent être employés en cas de stricte nécessité et jamais sans raison. Une invasion de pucerons sur les feuilles tendres, tout en haut de la plante, peut être contrôlée en utilisant une éponge trempée dans une eau savonneuse.

Vous pouvez placer un morceau de polythène sur la terre du pot pour éviter qu'elle ne se répande et immergez le feuillage des petites plantes dans l'eau savonneuse. Ce traitement donné une ou deux fois par année procurera une apparence fraîche aux plantes et combattra les insectes.

Bien que la plupart des plantes d'intérieur s'étiolent par manque de soin plutôt que par la présence d'insectes, il est toujours utile d'identifier les insectes nuisibles lorsqu'ils se manifestent, afin d'agir efficacement. La liste qui suit indique les insectes les plus communs et les maladies les plus fréquentes.

APHIS (Pucerons)

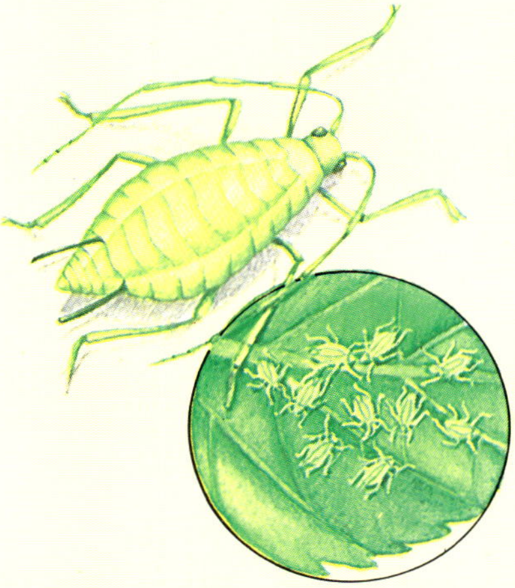

Les aphis s'attaquent à plusieurs types de plantes et peuvent se multiplier à un rythme alarmant si la situation n'est pas contrôlée. Les extrémités tendres d'une plante, constituent un repas de choix pour ces insectes qui se retrouvent aussi sur le dessous des plantes. Ils ne sont pas difficiles à voir et leur présence s'accompagne habituellement d'une moisissure noire sur les feuilles se trouvant sous l'endroit où ils se nourrissent. Au début de l'envahissement, les insectes peuvent être enlevés avec une éponge mouillée d'eau savonneuse. À un stade plus avancé, il sera préférable de se servir d'un insecticide pour les pucerons.

Moisissure en forme de suie Les marques noires sur cette feuille (ci-haut) indiquent de la moisissure en forme de suie. Cela pousse sur le dépôt gluant laissé par les aphis et autres insectes.

BOTRYTIS

Le botrytis est un champignon (moisissure) qui apparaît dans une atmosphère humide, saturée d'eau et sans aération. Les signes en sont de grandes taches de pourriture mouillée sur la feuille ou la tige qui détruiront vite les plantes affectées si on n'intervient pas. Un fongicide contrôlera efficacement cette maladie, mais la meilleure prévention est l'hygiène et de bonnes méthodes de culture.

Des plaques humides et pourries, ainsi qu'une moisissure grise sur le cactus (ci-dessus) et l'aglaonema (en haut) sont du botrytis. Couper les parties infectées et vaporiser un fongicide.

FONTE DES SEMIS

Ce problème affecte surtout les jeunes plants; les plantes en pot adultes n'en souffrent pas généralement. Un symptôme évident est la décoloration noire à la base de la tige du plant qui le fait tomber et mourir. Pour éviter la fonte des semis, il faut les espacer davantage afin que l'air circule entre eux. Si le sol est sec, les semis pourront germer. Un fongicide pourra arrêter la pourriture de la tige des jeunes plants, mais vous devrez suivre les instructions du manufacturier qui sont importantes.

ADÈLES

Ces insectes forment des tunnels entre les surfaces supérieure et inférieure des feuilles de plusieurs plantes et laissent un sillage blanc derrière eux. Le sillage indiquera où se trouve l'insecte sur la plante et s'il n'y en a que quelques-uns, il sera facile de s'en débarrasser en les écrasant entre le pouce et l'index. Plusieurs insecticides peuvent contrôler les adèles. Si les insectes ne sont pas détectés, les feuilles deviennent très affectées et il faut alors les enlever et les brûler.

Adèle Cette larve laisse un sillage blanc pendant qu'elle fait son chemin entre les parties supérieure et inférieure de la feuille (ci-haut). Lorsque l'insecte est localisé, on doit lui percer le corps avec une épingle.

COCHENILLES DES SERRES

Les cochenilles se retrouvent habituellement sur les parties les plus inaccessibles de la plante. Elles se logent parmi les tiges enchevêtrées de plantes, telles le stephanotis, où elles sont difficiles à repérer. Les cochenilles sont très malpropres et la vaporisation des feuilles avec un insecticide ne les élimine pas toujours. L'insecte adulte peut être détruit, mais les jeunes sont plus difficiles à faire disparaître. Ils sont enveloppés dans une substance rappelant le coton ciré laineux qui les protègent des éléments et des insecticides. Une vieille méthode efficace pour se débarrasser des jeunes cochenilles est de frotter la plante avec une brosse douce, comme une brosse à dents. Le nettoyage sera plus efficace si la brosse est trempée dans de l'alcool méthylique. Les cochenilles adultes se voient mieux et peuvent être enlevées avec un morceau d'ouate trempé dans l'alcool méthylique.

Cochenille des serres Les jeunes cochenilles sont enveloppées dans un revêtement cotonneux qui colle à la plante. Elles peuvent se retrouver en épais regroupement sur une tige.

MOISISSURE

La moisissure ou rouille est un autre problème de champignon qui peut être traité avec un fongicide si on s'y attaque sans délai. Des taches circulaires d'un blanc poudreux à la surface des feuilles en sont le premier signe. Si on ne la traite pas, la moisissure détruira la plante.

Moisissure Des dépôts poudreux et blancs sur les feuilles, les tiges ou les fleurs indiquent la présence de moisissure. Les plantes à la croissance délicate sont particulièrement vulnérables à cette maladie.

TÉTRANYQUES

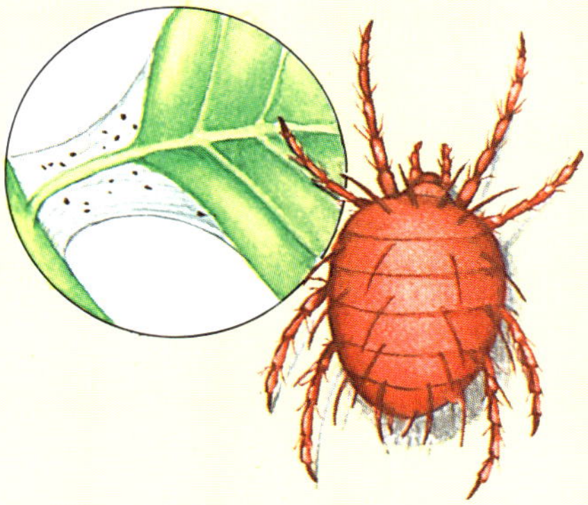

Même si elles sont parmi les plus petits insectes des plantes, les tétranyques sont, sans aucun doute, les plus dévastateurs. Difficilement décelables à l'oeil nu, les adultes sont de couleur rouge et les jeunes de couleur chair.

Une atmosphère humide leur est contraire, car les tétranyques prospèrent dans un environnement chaud et sec. On peut regrouper les plantes dans un grand réceptacle rempli de tourbe ou dans un plateau couvert de gravier humide, ou encore vaporiser un fin nuage autour des plantes (à l'exception des variétés florales).

Les premiers signes de la présence de tétranyques sont une décoloration du feuillage qui, sur le pourtour des feuilles, deviendra d'un brun jaunâtre pâle, ainsi que le durcissement de la croissance. Parfois, il faut se servir d'une loupe pour trouver les insectes sur le dessous des feuilles.

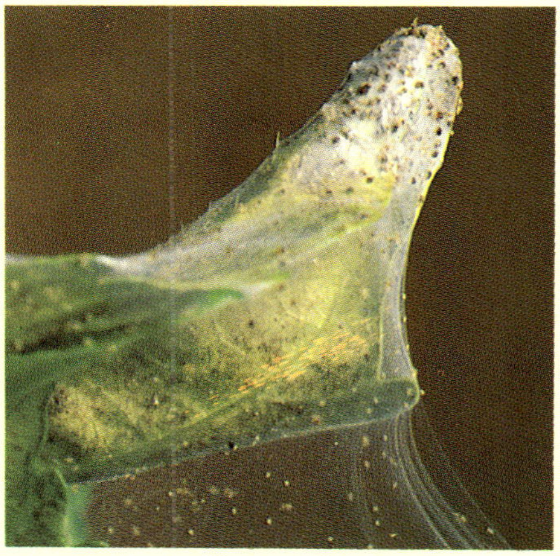

Tétranyques Cet acalyphe (ci-dessus) montre les minuscules toiles tissées par ces mites sur le dessous des feuilles.

COCHENILLES DES RACINES

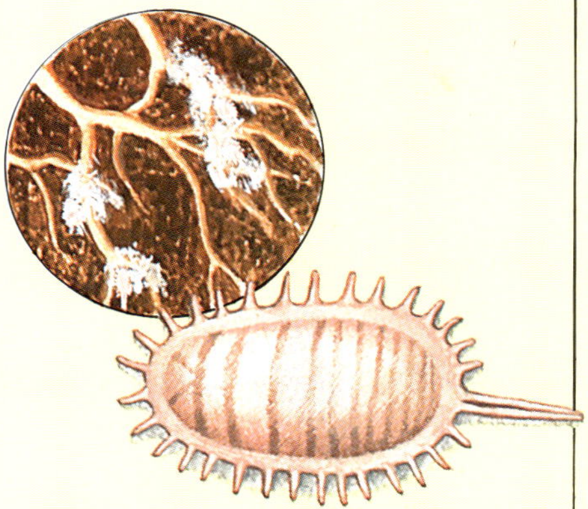

Ces insectes nuisibles habitent la terre et se manifestent par une substance d'un blanc poudreux autour des racines de la plante préalablement retirée du pot. Une plante mal en point est un signe de leur présence. Les cochenilles des racines sont beaucoup plus petites que les cochenilles ordinaires, mais elles ont la même forme. On les contrôle en détrempant le sol avec de l'insecticide.

Cochenilles des racines Ce cryptanthus (ci-dessus) est infesté de cochenilles des racines, petits insectes souvent couverts d'un revêtement blanc floconneux. Les cactus et les plantes grasses en sont particulièrement affligés.

COCCIDÉS

Ce sont des insectes malpropres qui déposent une moisissure noire comme de la suie sur les feuilles sous l'endroit où ils se nourrissent. Les adultes sont d'un brun foncé et les jeunes de couleur chair; les deux adhèrent aux feuilles et aux tiges des plantes comme des crampons. Une vaporisation fréquente avec une solution de malathion en viendra à bout, mais il est préférable d'enfiler des gants de caoutchouc et d'essuyer la plante avec une solution de malathion liquide. Les coccidés s'accrochent solidement à leurs points d'ancrage et doivent être nettoyés fermement.

Coccidés Les plantes dont la tige est ligneuse leur offrent un camouflage, mais lorsqu'ils sont sur les feuilles, ces insectes jaunes et bruns sont faciles à repérer. Les coccidés sucent la sève d'une plante qui alors s'étiole.

MOUCHERONS DES MOISISSURES

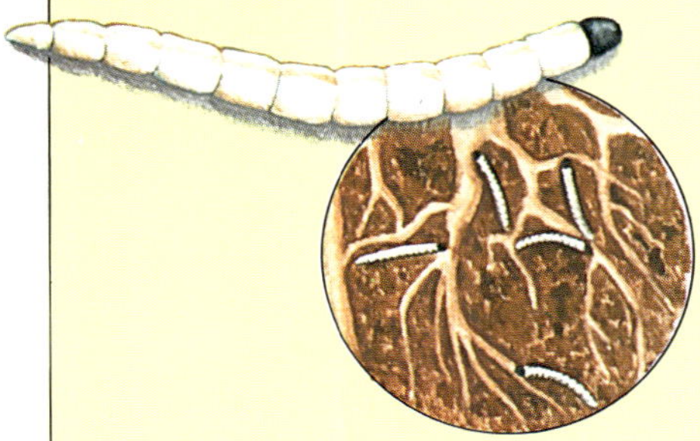

Les moucherons des moisissures, parfois appelés moucherons de champignons, sont des insectes nuisibles qui se forment dans la terre et qui apparaissent parfois quand le mélange du pot se corrompt. Les larves dans le sol deviennent de petites mouches noires qui s'envolent lorsque la plante est arrosée. Un arrosage du sol de la plante, avec l'insecticide approprié, viendra à bout de cet insecte nuisible.

Moucherons des moisissures Ce calathea (ci-dessus) est victime du moucheron des moisissures. Les larves ont attaqué les racines, ce qui fait retomber la plante.

LIMACES

De larges trous dans les feuilles sont souvent dus aux limaces qui recherchent les pousses basses à la hauteur de la terre. Les trouver et s'en débarrasser ne représente pas un problème. Pour éviter le contact avec les mains, il suffit d'utiliser des pastilles contre les limaces que l'on disposera à la surface de la terre.

Limaces Les limaces ont mangé les feuilles de ce philodendron (ci-dessus). Pour éliminer ces insectes nuisibles, appliquer un répulsif à la base de la plante.

PODURES

Ces petits insectes blancs sautent lorsque la terre est arrosée. Ils font peu de mal, se nourrissant des déchets qui sont dans le sol. Un arrosage avec de l'insecticide les éliminera. Il faut s'assurer que l'eau coule à l'extérieur du pot.

Podures Ces insectes nuisibles, qui ressemblent à de petits mille-pattes de couleur crème, rongent les racines. Ce dieffenbachia (ci-dessus) en est infesté.

THRIPS

Les traces argentées sur les fleurs d'une plante d'intérieur indiquent la présence de thrips. Bien que petits, ils peuvent être visibles sur le dessus des feuilles. Ils sont noirs ou jaunes pâles. Faire une application d'insecticide au premier signe de leur présence.

Thrips Ces insectes nuisibles peuvent défigurer une plante et arrêter sa croissance. Des taches ou des rayures sur le feuillage ou les fleurs, comme c'est le cas pour cette plante (ci-dessus), sont révélatrices de leur présence.

MOUCHES BLANCHES

La mouche blanche est un insecte d'intérieur nuisible que l'on voit souvent et qui se trouve surtout sur le dessous des feuilles. Cette mouche est facile à apercevoir et on s'en débarrasse en brossant l'endroit où elle se trouve. Plusieurs plantes, surtout les poinsettias et les hibiscus, ont tendance à en être infestées et il est recommandé de les inspecter avant de les acheter. Puisque ces mouches sont tenaces, il faut être persistant dans l'application de l'insecticide recommandé: une application ne suffit pas.

Mouches blanches Les écailles verdâtres sur cette plante (ci-dessus) sont les larves des mouches blanches qui vivent sur le dessous des feuilles et sucent la sève de la plante. Les feuilles tombent lorsque la plante est très endommagée.

VERS

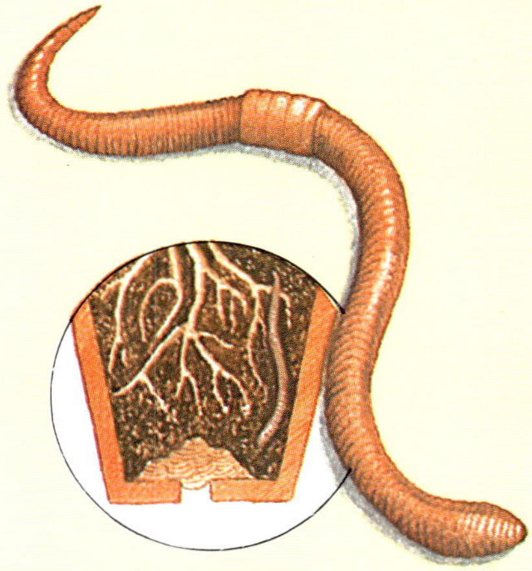

Une terre pesante, lente à s'égoutter, peut être dûe à la présence de vers. On s'en débarrasse avec un produit approprié ou en sortant la plante du pot et en retirant les vers à la main.

Vers Les feuilles du *Dracaena deremensis* (ci-dessus) sont tombantes et décolorées. Les vers ont entravé le bon drainage de la terre.

Solutions aux problèmes des plantes

	Nourrir la plante	Arroser la plante	Diminuer l'arrosage	Placer la plante hors des rayons directs du soleil	Donner un meilleur éclairage à la plante	Empoter dans une terre fraîche ou dans un pot plus grand	Changer la position de la plante	Protéger la plante des courants d'air	Vérifier la présence d'insectes nuisibles sur les feuilles ou dans la terre	Vérifier la présence de chenilles ou de perce-oreilles	Examiner les feuilles pour déceler les botrytis	Surveiller les signes d'infection virale
La plante pousse lentement	●		●			●			●			
Les feuilles sont tombantes		●										
Les feuilles sont tachetées									●			●
Le pourtour de la feuille brunit			●	●			●					
Les fleurs tombent			●				●					
Les feuilles sont abîmées ou brisées							●					
Les feuilles tombent			●						●			
Pourriture dans les tiges ou les feuillles			●								●	
La feuille est de couleur trop pâle	●				●		●					
Petites feuilles peu robustes	●								●			
Les feuilles jaunissent			●					●	●			
Les feuilles sont trouées									●	●		

Vérifier le dommage aux racines	Vérifier la qualité de la terre	Réduire l'engrais	Changer le genre d'engrais utilisé	Nettoyer les feuilles	Enlever les fleurs fanées	Regarder le dessous des feuilles où se logent les tétranyques	Régler l'humidité de la pièce	Manipuler la plante avec soin en la déplaçant	Placer la plante dans un endroit protégé	Considérer l'adaptation saisonnière	La plante est dans une période de dormance
●										●	●
	●										
				●							
		●					●				
								●			
									●		
			●							●	
					●						
						●					
							●			●	

Comment utiliser le tableau

Les lignes horizontales sont celles des symptômes, les lignes verticales suggèrent les solutions. Identifier le symptôme qui affecte la plante, aller jusqu'au point rouge et remonter pour trouver la solution.

Bouturage

C'EST UNE JOIE de réussir la propagation de nouvelles plantes à partir de divers petits éléments comme des feuilles, des graines, des tiges ou des racines. Or, le bouturage des plantes est parfois beaucoup plus simple qu'il ne semble. Avec les plantes d'intérieur, vous pouvez atteindre un haut degré de succès en suivant simplement quelques règles de base, en autant que de bonnes conditions de propagation existent.

Quand on veut faire du bouturage, la première règle consiste à ne jamais utiliser des matériaux de qualité inférieure. De bonnes boutures et semences, du matériel propre, un environnement hygiénique et une atmosphère fermée et humide devraient donner une germination supérieure. Gardez l'oeil ouvert sur les signes de pourrissement.

Bouturage simple

Vous aurez besoin d'un ciseau bien coupant, de la tourbe propre ou un sol de plantes de maison à base de tourbe, quelques pots propres et, si possible, un petit diffuseur de chaleur. Bien entendu, vous aurez aussi besoin d'un peu de matériel provenant de plantes adultes. Au début, plus le matériel est simple, mieux c'est. Une plante facile à faire pousser et à propager est le saintpaulia (violette africaine). Les propagateurs de ces plantes sont convaincus que les feuilles de forme ronde sont plus faciles à multiplier que celles ayant une forme pointue. Cependant, il est important que les feuilles employées pour le bouturage soient fortes et saines, celles qui sont faibles et décolorées devraient être jetées.

Bouturage Les boutures de plantes ont besoin de beaucoup d'humidité pour faire des racines. Couvrir la bouture d'un sac de plastique (à gauche) ou renverser un pot de verre sur la bouture (à droite).

Bouturage des violettes africaines

Pour bouturer le saintpaulia, toute la feuille est retirée de la plante mère et coupée proprement à la base (si des morceaux de tige de la feuille restent attachées à la plante, ils pourriront et pourront causer le botrytis). Une fois coupée, la tige de la feuille est réduite à environ 5 cm de long, trempée dans la poudre d'enracinement et placée dans un petit pot rempli de terre domestique à base de tourbe. Quatre ou cinq feuilles peuvent être placées dans de petits pots, en s'assurant qu'elles soient tournées vers le centre. La terre doit être tenue humide et les pots peuvent être emballés dans un sac de polythène.

Si l'opération réussit, vous devriez voir les premiers signes de minuscules feuilles sortant du sol après six à huit semaines. Si la température de la pièce est constante à 21° C, l'enracinement prendra moins de temps que dans un climat plus frais. Lorsque les feuilles sont visibles, le polythène peut être retiré et les boutures laissées à leur développement pour que les feuilles soient bien visibles au-dessus de la terre. Il est alors temps d'arroser la terre complètement et de retirer les boutures en frappant doucement sur le bord des pots renversés sur une surface solide. La balle de racines devrait glisser facilement dans votre main. A ce stade, l'apparence future de la plante peut être modelée. Si vous voulez que les plantes soient bien présentées, évitez d'empoter la petite touffe de feuilles en un seul grand pot. Plutôt, dégagez délicatement les racines hors de la terre et vous verrez que la touffe est composée de plusieurs plantes individuelles ou plantules, chacune formée de deux petites feuillles reliées à une délicate

Germoirs Le germoir le plus simple (à gauche) est un plateau à semence rempli de terre et couvert d'un couvercle de plastique muni d'évents. Un germoir plus complexe comprend un élément chauffant permettant aux pousses de se développer plus rapidement.

Bouturage d'une violette africaine La méthode la plus simple de bouturage du saintpaulia (violette africaine) réside en la formation de racines sur chaque feuille. Ces boutures produiront des plantules qui peuvent, à leur tour, être bouturées (voir les cinq dernières étapes).

1 Retirer la feuille entière de la plante mère, la coupant à la base de la tige de la feuille.

2 Avec un couteau, couper la tige de la feuille à environ 5 cm de long.

3 Tremper l'extrémité de la tige dans la poudre d'enracinement avant de la mettre en terre.

4 Insérer la tige à environ 1 cm de profondeur dans un petit pot rempli de terre domestique à base de tourbe.

5 Quatre ou cinq feuilles, tournées vers le centre, peuvent être placées dans le pot ou le plateau.

Seconde étape de bouturage
Après l'arrosage, les boutures doivent être couvertes d'un sac de plastique afin de conserver l'humidité ou placées dans un germoir (voir la page précédente). Elles doivent être maintenues à une température approximative de 21° C sous un éclairage tempéré. Après environ huit à 10 semaines, une touffe de plantules émergera à la surface du sol.

6 Retirer délicatement du sol la feuille mère, avec sa balle de racines.

7 Les plantules, émergeant de la base de la tige de la feuille mère, devraient être d'environ 5 cm de hauteur.

8 Dégager délicatement la terre du groupe de feuilles et séparer doucement les plantules de la feuille mère.

9 Dès lors, vous pouvez constater que la touffe se compose de plantules, chacune attachée à la tige centrale. Séparez-les délicatement.

10 Planter chaque plantule dans un pot rempli de terre domestique composée de tourbe. Par la suite, les traiter comme des plantes adultes.

Bouturage du dracéna Retirer la plante adulte de son pot et vérifier si elle a de grosses racines charnues. On les appelle parfois 'orteils'.

Avec un couteau, couper les 'orteils' de la balle de racines.

Hacher les 'orteils' en morceaux d'environ 2 cm de long.

Enterrer les 'orteils' dans une terre domestique à base de tourbe à une profondeur de 2 cm, en laissant un espace entre chaque racine.

tige centrale. Si ces plantules sont séparées doucement, elles peuvent être plantées individuellement au centre d'un petit pot rempli d'un mélange domestique à base de tourbe. Ainsi, lorsqu'elles se développeront, toutes les feuilles irradieront d'une tige centrale et quand les fleurs apparaîtront, elles se dégageront bien. Cette méthode requiert plus de temps, mais le résultat est plus satisfaisant.

Bouturage d'autres plantes

Les plantes feuillues à petites feuilles, comme le fittonia, feront facilement des racines. Trouver une plante bien garnie aux feuilles fermes et retirer environ une douzaine de pousses de 8 à 13 cm de long, à l'extrémité de leur bouquet de croissance. Si vous avez choisi 12 boutures, vous devriez remplir trois pots de 8 cm de diamètre avec une bonne terre domestique. Puis, faites un arrosage complet. Si les boutures ont été bien coupées, elles devraient être prêtes pour l'insertion, quatre dans chaque pot, espacées également. Selon la dimension des feuilles des boutures, un nombre plus ou moins grand devrait être inséré, mais évitez d'en mettre trop.

Les extrémités coupées des boutures peuvent être traitées avec de la poudre d'enracinement, mais ce n'est pas vraiment nécessaire si la plante est vigoureuse. Cependant, pour vous assurer que des racines se formeront, enfermez les boutures mises en pot dans un sac de polythène, de manière à minimiser la transpiration. Afin d'empêcher le sac de s'affaisser sur les boutures, un petit bâton sera planté, auquel l'ouverture du sac sera attachée. Placer le tout sur le bord d'une fenêtre éclairée mais non au soleil. Dans à peu près trois semaines, les boutures auront presque certainement produit des racines.

Le joli figuier rampant, *Ficus pumila*, peut être traité de la même façon, mais il sera nécessaire de prendre des boutures avec quatre feuilles et d'enlever celle du bas, avant de les placer fermement dans de petits pots. Les cactus qui sont probablement les plus faciles à faire prendre racine sont celui de Noël et celui de Pâques.

Bouturage par semence

Plusieurs plantes peuvent être cultivées à partir de semences, mais il y a peu à dire à propos de cette méthode, puisque tous les sachets fournissent des instructions complètes. Un conseil cependant: si vous désirez seulement quelques plantes pour remplir des paniers ou des bacs, il est préférable d'acheter au printemps de petites plantes, raisonnablement matures.

Remettre à neuf les monsteras

Le bouturage est parfois une nécessité plutôt qu'un choix quand, par exemple, des plantes deviennent trop grandes. La plante fromage suisse (*Monstera deliciosa*) a tendance à monter jusqu'au plafond, ce qui oblige à la couper. Les pousses supérieures, solides, munies de deux à trois feuilles, sont faciles à bouturer.

Au fur et à mesure qu'elles grandissent, ces plantes perdent leurs feuilles inférieures. Pour regarnir la base, les boutures acquises par la coupe de la tête peuvent être insérées dans le pot où pousse la plante. Pratiquez un trou rond d'une bonne grandeur, remplissez-le d'un mélange à empoter contenant de la tourbe. Traitez les boutures avec de la poudre d'enracinement et poussez-les fermement dans les trous. Ensuite, vaporisez les boutures régulièrement afin qu'elles ne sèchent pas. Ceci produira une plante beaucoup plus jolie.

1 Bouturage du bégonia rex Enlever une feuille mature et saine de la plante mère, en utilisant un couteau bien aiguisé.

2 Tenir la feuille fermement d'une main et couper presque toute sa tige.

3 Couper la moitié de la feuille en bandes d'environ un centimètre de large.

4 Retourner l'autre moitié de la feuille et arrondir le pourtour dentelé, le laissant égal.

5 Diviser la feuille en sections qui auront à peu près le format d'un timbre poste moyen.

6 Déposer les morceaux de feuille, côté coloré sur le dessus, dans un plateau de terre.

7 Laisser un peu d'espace entre chaque bouture.

8 Chaque section prendra racine pour ensuite être transférée dans un pot adéquat. Cette photographie montre une plante saine issue d'un seul morceau de feuille.

Serres et pièces jardins

IL N'Y A SÛREMENT pas de plus grand plaisir que de créer et garnir votre propre pièce jardin. Lorsqu'on cultive des plantes exotiques ou tendres à l'intérieur, il est impossible de retrouver l'atmosphère de moiteur et d'humidité de leur habitat naturel. Toutefois, dans une serre ou une pièce jardin entièrement consacrée à cette activité, on arrive presque à recréer leur environnement naturel.

Au dix-neuvième siècle et au début du vingtième siècle, les serres garnies de palmiers, de fougères et d'orchidées, étaient un ajout naturel à toute maison élégante. Avec les coûts exhorbitants d'aujourd'hui, il serait difficile pour la plupart des gens, à l'exception des plus fortunés, de faire revivre le style des grandes serres de l'époque victorienne. Mais des résultats similaires peuvent être obtenus dans des lieux plus modestes. Si la serre est chaude, éclairée et adéquatement chauffée, vous pourrez alors y faire pousser des palmiers, des fougères et des orchidées avec autant de succès que le jardinier du temps jadis.

L'emplacement de la serre

Implanter la structure n'est pas un problème majeur, puisque la plupart des serres sont simplement annexées à la maison. Cependant, si vous le pouvez, choisissez le côté ensoleillé de la maison, puisque les plantes tireront leur chaleur du soleil. Assurez-vous toutefois que les plantes seront protégées des rayons les plus ardents, afin de n'être pas brûlées.

Construction de la serre

Les facteurs les plus importants à prendre en considération dans la construction d'une serre sont la hauteur, la ventilation, la lumière et le plancher. Plusieurs plantes de jardins intérieurs atteignent une taille de près de 3 m et seront tordues si elles viennent en contact avec le toit de verre, assurez-vous donc que la construction sera assez haute pour elles. Dès le début, soyez certain que la structure sera adéquatement ventilée. Le but premier est d'avoir suffisamment de chaleur et de la conserver, ce qui fait que vous ne penserez peut-être pas à ouvrir des ventilateurs qui causent une perte de chaleur.

La serre idéale Lieu de tranquille beauté, la serre remplie de plantes était l'extension traditionnelle des maisons victoriennes. Aujourd'hui, plusieurs propriétaires au pouce vert aspirent à cette somptueuse élégance. Si possible, construisez la serre du côté ensoleillé de la maison. Votre seule préoccupation sera d'avoir suffisamment d'ombre au plus fort de l'été. Puisque cette serre servira de salle d'exposition à vos plantes, meublez-la avec style. Vous pourrez alors vous y reposer, à l'abri des problèmes du monde.

Bassins Pour faire une différence, pourquoi ne pas y installer un bassin? Pour votre confort, bâtissez-le au-dessus du sol. Une fontaine ajoute un murmure agréable et du mouvement à l'ambiance.

Chauffage Les chaufferettes électriques à faible consommation sont une source idéale de chaleur pendant les froides nuits d'hiver.

Portes Essayez de situer les portes loin des vents dominants pour éviter les courants d'air et pour vous en servir en été comme source de ventilation supplémentaire.

Plancher Des tuiles de céramique ou de pierre posées sur une solide base de béton constitueront un plancher résistant à l'eau. Des tapis adouciront leur apparence froide.

Bassin de serre L'eau constitue un point de convergence dans tout jardin et elle est un apport idéal dans une serre. Des lis d'eau flottent à la surface de ce bassin (à gauche) avec les superbes fleurs du *Clerodendrum thomsoniae* qui ajoutent une touche de couleur parmi les palmiers éventails et les dieffenbachias tout autour.

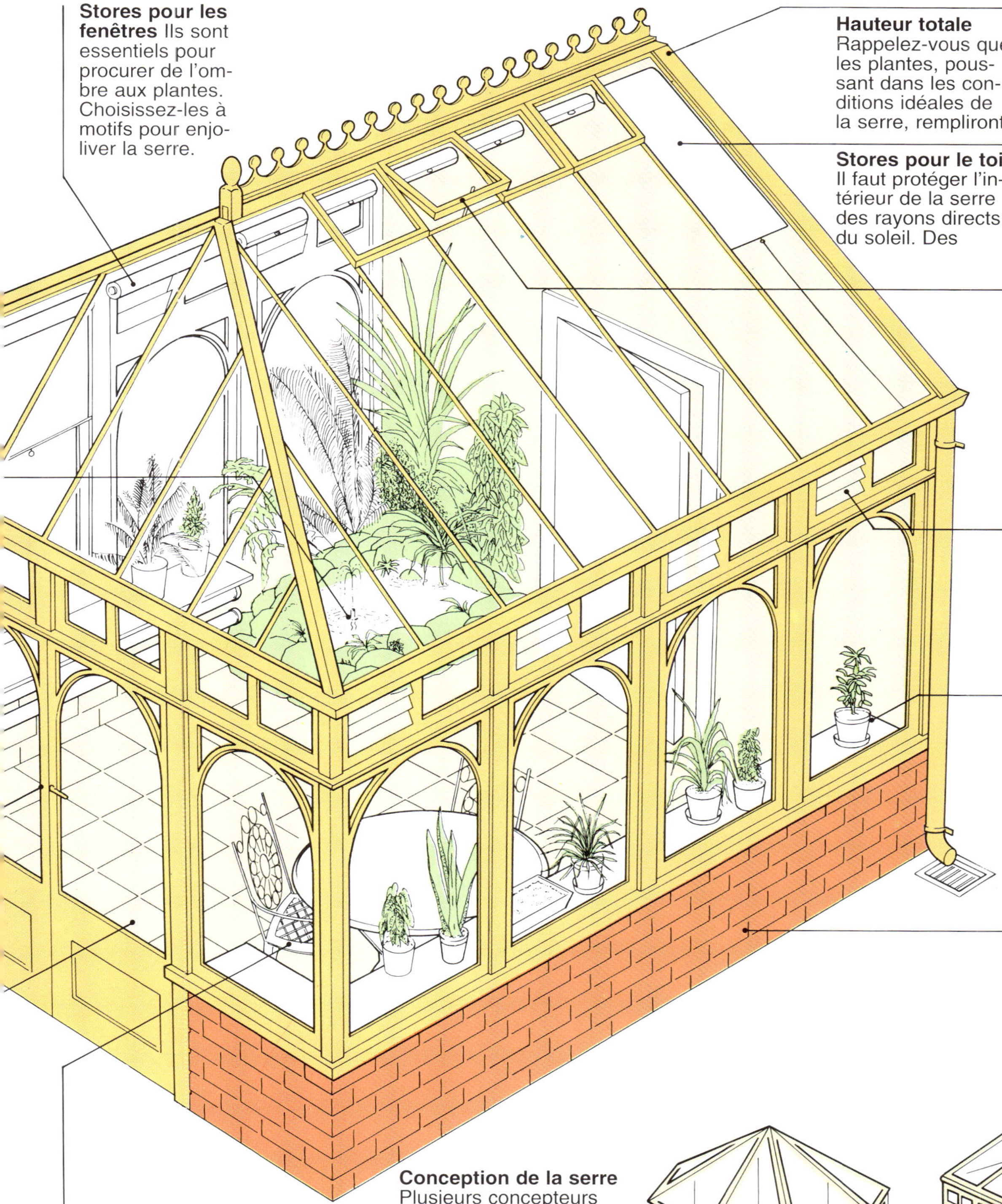

Stores pour les fenêtres Ils sont essentiels pour procurer de l'ombre aux plantes. Choisissez-les à motifs pour enjoliver la serre.

Hauteur totale Rappelez-vous que les plantes, poussant dans les conditions idéales de la serre, rempliront vite l'espace qui leur est alloué. Prévoyez une hauteur d'au moins 3 m.

Stores pour le toit Il faut protéger l'intérieur de la serre des rayons directs du soleil. Des stores automatiques sont pratiques, bien que dispendieux.

Ventilation Au fur et à mesure que la chaleur s'accumule, il devient essentiel de pouvoir ventiler le haut de la serre afin de raviver des plantes languissantes.

Persiennes Des fenêtres qui s'ouvrent facilement permettent une ventilation d'appoint très appréciable durant les jours chauds de l'été.

Tablettes Les tablettes installées à bonne hauteur tout autour de la serre permettent d'y disposer des plantes qui recevront ainsi un bon éclairage.

Base de briques Afin de conserver la chaleur et d'avoir une structure solide, ayez des murs d'au moins 90 cm de haut.

Ameublement Dans une atmosphère chaude et humide, les meubles de jardin en métal ou en plastique seront préférables à d'autres d'aspect plus domestique. Leur entretien sera plus facile.

Conception de la serre Plusieurs concepteurs font écho à leur prédécesseurs victoriens (à droite). Les serres de forme octogonale, sans points d'ancrage, sont particulièrement agréables à l'oeil et procurent un environnement bien éclairé pour les plantes. Des plans simples, sont parfaits là où l'espace est restreint.

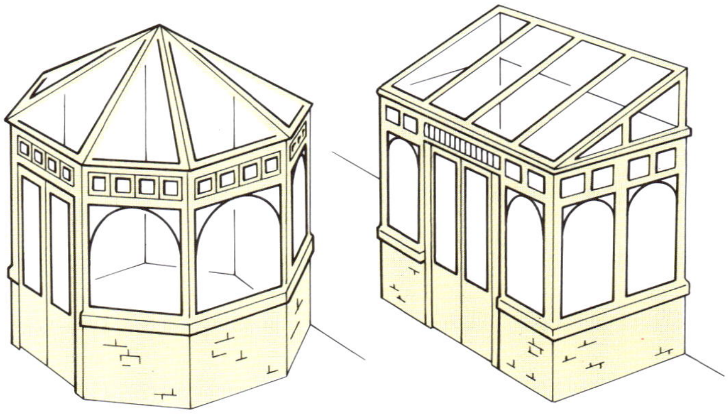

Serre classique. Dans cette superbe serre (ci-dessus), il est possible de se sentir 'au diapason avec la nature'. Tout rehausse l'atmosphère, le dôme de verdure formé par les vignes, la combinaison de plantes et les meubles de rotin.

Cependant la surchauffe dans un espace restreint durant les mois les plus chauds est aussi dommageable à certaines plantes que l'exposition au froid de l'hiver; assurez-vous d'avoir une ventilation au plafond et sur les murs de côté, si possible. Située loin des vents dominants, la porte procure une ventilation supplémentaire lorsque la température monte.

Les pièces jardins doivent avoir suffisamment de lumière pour permettre aux plantes de croître convenablement, mais il y a une différence entre une bonne lumière et un soleil cuisant toute la journée. Les plantes installées à proximité des vitres sont particulièrement vulnérables. Ainsi, en installant une pièce jardin, assurez-vous d'avoir de l'ombre. Des stores qui peuvent être ouverts et fermés, selon la température, sont une excellente idée et rehaussent l'atmosphère d'un vivoir converti en pièce jardin.

Le choix d'un revêtement pour le plancher peut être difficile. Si les plantes prévalent, il faut alors avoir un plancher solide, en tuiles de préférence. Cependant, si la pièce sert aussi de vivoir, des tapis colorés sur le plancher de tuiles est un heureux compromis.

Vous voudrez aussi ajouter une fontaine ou un bassin dans la pièce jardin. Si l'espace est suffisant pour un bassin, prenez le temps de bien penser à son emplacement, car il sera difficile et dispendieux de l'enlever par la suite. Il est probablement plus sage d'opter pour un bassin à la hauteur du sol, plutôt qu'encavée dans le plancher. Ce dernier est plus attirant, mais celui à hauteur du sol peut être enlevé lorsqu'il a dépassé sa vie utile.

L'aménagement de l'espace qui servira à la fois aux plantes, aux meubles et aux gens peut constituer un problème durant les mois d'été, alors que le lieu est en grande demande. Un patio à l'extérieur de la pièce jardin est idéal pour y installer, par beau temps, les plantes moins fragiles.

Serres

Le succès d'une pièce jardin est assuré si on la combine avec une serre plus conventionnelle, installée dans une autre partie du terrain. Vous pouvez commencer une culture dans la serre et ensuite transférer ces plantes dans la pièce. Ceci évite aussi de toujours vous retrouver au milieu des outils et ustensiles nécessaires au bouturage. De plus, la serre peut devenir l'hôpital des plantes qui ont perdu leur éclat et qui ne sont plus assez belles pour égayer votre pièce jardin. Vous pourrez aussi y préparer les paniers suspendus et autres genres de contenants, afin que les plantes s'y habituent avant d'être transférées dans la pièce jardin.

Plantes suspendues et plantes grimpantes

On trouve des contenants pour recevoir toutes les formes et toutes les grosseurs de plantes suspendues. Cependant, si vous recherchez un étalage de couleurs remarquable, il n'y a rien de mieux que le bon vieux panier de broche doublé de mousse. Le seul problème vient de l'arrosage car le surplus d'eau coule sur le plancher. Il vaut donc mieux installer ce genre de panier à l'extérieur.

Quand vous préparez un panier suspendu, prenez une terre qui contient suffisamment de terreau, parce que les mélanges qui sont composés presque entièrement de tourbe se dessèchent rapidement, un problème commun des plantes suspendues. Quand le panier n'est plus à son meilleur, la vieille terre doit être jetée et de la nouvelle terre sera utilisée pour la prochaine saison.

Quand le panier est doublé et que la terre y est mise, quelques plantes peuvent être placées tout autour afin de le remplir et de retomber sur les côtés. Presque tous les arrangements conventionnels pour paniers feront l'affaire: hoyas, columnea, stephanotis et *Begonia semperflorens* seront tous un régal pour les yeux.

Il y a plusieurs jolies plantes qui peuvent garnir des contenants suspendus au plafond de la pièce jardin. Les plus exotiques devront être maintenues à une température variant de 13° à 18° C. Durant les mois les plus froids de l'année, peu de plantes survivront à la combinaison de température humide et froide, alors veillez à ne pas trop arroser. Quelques-unes des meilleures plantes pour orner des paniers suspendus dans la maison sont énumérées ci-dessous.

Confort et quiétude Un plancher de pierres plates et de confortables canapés procurent à cette pièce serre (ci-dessous) beauté et utilité. Les pots en terre cuite naturelle contenant des palmiers, des dracénas et quelques plantes fleuries reflètent des couleurs atténuées. Les plantes grimpantes adoucissent la ligne du plafond.

Aeschyanthus speciosus

Cette espèce communément appelée "plante à panier" est à son avantage dans un panier suspendu. Elle possède des feuilles charnues de couleur vert pâle et une abondance de tiges retombantes. Le *Aeschyanthus speciosus* fleurit normalement en été et donne de splendides fleurs tubulaires orangées.

Begonia tuberhydrida

Les bégonias comptent parmi les plus spectaculaires de toutes les plantes à fleurs en pot et il en existe plusieurs jolies variétés colorées à choisir. Outre les bégonias poussant droit, on retrouve

Beauté en cascade Le columnea (ci-dessus) fournit un magnifique étalage de fleurs écarlates sur de longues tiges retombantes. Le garder presque sec en hiver pour une belle floraison en été.

Plantes à panier Le *Begonia tuberhybrida* (ci-dessus) enjolivera n'importe quel panier suspendu avec ses fleurs exquises. Le hoya est un autre excellent candidat au plaisir des yeux à placer dans un endroit bien éclairé. Laisser pousser sans y toucher; rempoter aux deux ans.

d'excellents spécimens pendants qui peuvent ête cultivés à partir de tubercules disponibles en hiver pour être plantés tôt au printemps. Lorsque leur croissance est bien enclenchée, les jeunes plantes devraient être placées dans des contenants suspendus remplis d'un terreau à base de terre grasse.

Columnea banksii

Cette espèce a peu changé depuis son entrée dans les serres victoriennes du dix-neuvième siècle. Les fleurs en cascade sont d'un riche orangé et couvriront complètement la plante si elle est saine. Pour la voir fleurir à nouveau, la plante sera gardée à une température fraîche, autour de 10° C, durant l'hiver. La terre doit rester plutôt sèche.

Hoya bella

C'est une plante à la floraison estivale. Les feuilles, qui vont du vert pâle au vert foncé, sont attachées à une tige semblable à un fil de fer et se projettent du contenant, de façon quasi horizontale. Les branches ne pendent pas comme on pourrait s'y attendre de la part d'une plante suspendue, parce que les touffes de fleurs se forment sous les branches. Le *Hoya bella* devrait être suspendu à la hauteur de la tête, pour que la beauté des touffes de fleurs cirées et leur parfum délicieux puissent être appréciés. Elles ont besoin d'ombre en été. Ne pas trop arroser et faire attention pendant les applications d'insecticide.

Plantes grimpantes

Les plantes grimpantes sont particulièrement utiles. Non seulement elles sont très jolies et ajoutent un intérêt décoratif là où elles sont placées, mais encore, elles peuvent souligner ou masquer des détails architecturaux ou servir d'écran au soleil ou au vent. Toutes les plantes grimpantes nécessitent un support. Ce sera un treillis, de la canne de bambou ou le mur d'une pièce jardin. Dans ce dernier cas, il convient de placer les plantes grimpantes contre un mur plein (la plupart des pièces jardins ont au moins un mur qui fait partie de la maison) plutôt que contre une paroi de verre; les plantes auront ainsi un plus bel effet.

On peut préparer une bordure remplie de bonne terre dans laquelle les plantes grimpantes pourront être plantées librement ou encore utiliser de grands contenants à la base du mur de la pièce jardin. De petits contenants ne seront pas utiles pour les plantes grimpantes d'intérieur qui, pour proliférer, ont besoin de suffisamment de nourriture. Voici quelques bonnes plantes grimpantes.

Allamandas

Un certain nombre d'allamandas, aux fleurs trompettes d'un jaune riche, peuvent être des grimpantes dans une pièce chauffée à 16° C. À une hauteur de 2,4 m l'*Allamanda cathartica* offrira des fleurs d'un jaune doux et devra être attachée à un

Paniers suspendus Toutes les étapes de la préparation d'un panier suspendu sont agréables à accomplir: la matière organique est facile à manipuler; les plantes sont petites et le choix est vaste; le résultat final est entièrement votre oeuvre. Ces photographies illustrent les étapes essentielles dans la création d'un jardin suspendu qui apportera couleur et agrément pendant toute la saison. Plusieurs genres de contenants sont disponibles, de la terre cuite à l'osier; certains sont en plastique solide comprenant une soucoupe encastrée pour retenir l'eau, ce qui s'avère fort utile pour qui se trouve endessous.

1 Tapisser le fond du panier avec de la mousse de sphaigne humide qui procurera une base solide à la matière organique et aux plantes.

2 Ajouter de la mousse autour du contenant, elle constituera une barrière semi-imperméable et contribuera à conserver l'humidité.

3 Ramener la mousse jusqu'au bord pour couvrir l'armature métallique. Le surplus pourra être coupé lorsque les plantes auront été installées.

4 Remplir le centre avec un mélange à empotage comprenant de la tourbe, généreusement entremêlée de perlite, une matière favorisant le drainage. Humecter d'abord avec un faible mélange nutritif liquide.

5 Insérer chaque plante fermement dans le mélange, en s'assurant qu'il n'y a pas de poches d'air autour des racines. Un plan préparé à l'avance est utile.

6 Cette bruyère, *Erica hiemalis*, est idéale dans un panier suspendu pendant la saison froide; ses fleurs tubulaires apportent de la couleur durant les longs mois d'hiver.

7 Les pensées aux couleurs hardies sont charmantes et sont disponibles en variétés d'hiver et d'été.

8 Une primevère rouge ajoute une touche contrastante au panier suspendu. Les plantes fleuries doivent être humidifiées régulièrement durant leur brève période de floraison.

9 Lorsque tout est planté, il faut tailler la mousse superflue et vérifier une dernière fois si toutes les plantes sont fermement mises en place.

10 Le résultat final semble un peu mince, mais c'est voulu; les espaces seront comblés au fur et à mesure que les plantes se placeront et grandiront. Suspendre le panier à la hauteur des yeux pour en faciliter l'entretien.

Supports pour les plantes Il y a plusieurs façons de faire grimper les plantes. Un treillis (ci-dessus) est une façon efficace de les faire monter. On peut aussi les faire tourner autour d'un fil de fer recouvert de plastique (en haut à droite). Des lattes de bois assemblées en un joli motif peuvent servir de tuteur (à droite).

Toutes les plantes d'intérieur n'ont pas besoin d'être cultivées en pot. La bromélie (ci-dessus) a été installée sur une souche moussue. Il faut utiliser le bon genre de lien pour attacher une plante à un tuteur. Un fil de fer régulier peut se corroder et endommager la plante; la corde pourra pourrir avec le temps. Un fil de fer recouvert de plastique ou de carton est préférable (ci-dessous).

support. La variété rare d'*A. c. 'Grandiflora'* donne des fleurs d'un diamètre de presque 13 cm.

L'espèce *A. neriifolia* possède des tiges ligneuses que l'on peut attacher à un tuteur (elles sont aussi très jolies en position libre). Les petites fleurs ressemblent à des trompettes jaune vif. Elles s'épanouissent toute l'année si l'atmosphère est humide, chaude et ombragée. Il est important que la terre soit constamment humide et l'environnement aussi.

Clerodendrum thomsoniae
C'est une plante aux minces feuilles de couleur vert moyen et aux touffes de bractées fleurissantes de couleur rouge clair et blanche. Même si ses tiges sont solides et ligneuses, le *Clerodendrum thompsoniae* n'est pas vraiment une plante grimpante; il faudra donc l'aider pour qu'elle produise un bel effet. Cette plante vigoureuse peut atteindre une hauteur de 2,4 m qu'il faut maintenir par une taille.

Hoyas

Ils grimpent et rampent naturellement car leurs tiges tournent et s'entremêlent à tout ce qui se trouve à proximité. Pouvant atteindre plusieurs centimètres de hauteur, ils sont habituellement cultivés à l'intérieur sur des treillis ou attachés à des tuteurs. Ils sont d'un entretien facile. Le *Hoya carnosa* et le *Hoya australis* poussent rapidement, fleurissent en été et produisent des grappes de fleurs blanches étoilées.

Stephanotis floribunda

Ils sont de la même famille que les hoyas et ont les mêmes habitudes d'entrelacement. De forme ovale, ses feuilles d'un vert foncé, poussent en sens opposé les unes des autres et leur délicieuse fragrance se répand aux quatre coins de la pièce. Les fleurs, d'un blanc crémeux, s'épanouissent en grappes de cinq ou plus. Elles apparaîtront à divers intervalles pendant le printemps et l'été. Les fleurs, cueillies et renversées dans un plat d'eau, vivront pendant plusieurs jours.

Plumbago capensis

Cette plante pousse rapidement et produit de charmantes fleurs durant tout l'été et assez longtemps en automne. Les petites feuilles attachées aux ramilles abondantes pousseront vigoureusement si la culture et l'environnement sont propices. Les fleurs sont d'un délicat bleu poudre. Le *plumbago capensis 'Alba'* présente des fleurs blanches mais elles ne sont pas aussi spectaculaires que les bleues. La croissance rapide du *Plumbago capensis* peut être tempérée par une coupe à n'importe quel moment. Après la floraison, il faut couper le plant à 30 ou 60 cm de la base s'il est très vigoureux.

Des plantes grimpantes colorées Aucun aménagement d'intérieur n'est complet sans certaines plantes grimpantes. Le *Clerondendrum thomsoniae* (ci-haut) est une plante vigoureuse qui s'enroule et doit être entretenue et attachée pour produire un bel effet. Les délicates fleurs bleues du *Plumbago capensis* (à droite) se dressent sur de minces tiges qui ont besoin de tuteur.

Trompette dorée Ce nom commun réfère aux fleurs jaune vif des allamandas.

Même jeune, ce spécimen regorge de fleurs. En parvenant à maturité, le plant aura besoin d'un tuteur adéquat et de beaucoup de chaleur et de soleil pour se développer pleinement. Il est magnifique devant une fenêtre.

Contenants

UN EXCELLENT MOYEN de présenter les plantes est d'utiliser des contenants individuels faciles à déplacer. Ils sont offerts en formes diverses et en matières variées. Ceux munis de roues pivotantes peuvent être facilement regroupés et disposés pour produire un effet saisissant. Ces contenants doivent être complètement étanches, mais en arrosant les plantes, on peut s'assurer que l'eau ne s'est pas accumulée au fond. Cette vérification sera probablement difficile à faire avec les plantes qui remplissent le pot; il peut alors s'avérer nécessaire d'insérer un tube dans la terre et de drainer le liquide accumulé au fond. Avec une canne, on peut vérifier s'il y a de l'eau et, au besoin, on la siphonnera.

Contenants à auto-arrosage

Plusieurs excellents contenants sont munis de dispositifs à auto-arrosage. Ces dispositifs ont une base sur laquelle se trouve la terre et un réservoir d'eau situé entre la terre et le fond du contenant. L'eau est tirée du réservoir par une mèche de nylon et le niveau d'eau à la base est contrôlé par un indicateur. Celui-ci doit rester au plus bas pour au moins une semaine entre chaque opération d'humectage afin que la terre soit adéquatement aérée. Le grand avantage de ces dispositifs est que l'on peut laisser les plantes sans surveillance pendant un mois sans qu'elles se déshydratent. Presque toutes les sortes de plantes d'intérieur peuvent pousser à l'aise dans ces contenants si la température et l'éclairage sont adéquats. Il vaut mieux cependant réserver cet arrangement aux plantes adultes. Les palmiers, philodendrons et ficus adultes sont les meilleurs sujets, entourés à la base d'aglaonemas et de dieffenbachia.

Contenants de plantes Les plantes d'intérieur peuvent être cultivées dans une variété de bacs et de pots (ci-haut). Selon certains, les meilleurs sont les pots en terre cuite. Les contenants en plastique sont aussi adéquats et l'on trouve une variéré infinie de cache-pots décoratifs de divers styles et matières.

Pot à auto-arrosage Ce pot ingénieux (ci-haut) vous permet de laisser les plantes sans soin pendant un certain temps. L'humidité atteint la terre à partir d'un réservoir d'eau situé à la base (1) grâce à une mèche de nylon (2).

Culture hydroponique L'habitude de cultiver les plantes dans l'eau, en ajoutant seulement des nutriments, est de plus en plus populaire.

Le premier stade de la culture hydroponique se fait dans des établissements spécialisés. Lorsque les plantes ont une dimension appropriée et des racines fortes et fermes, elles sont retirées de leur pot et toute la terre est enlevée avec de l'eau courante jusqu'à ce qu'il ne reste plus de particule toxique. Les racines sont alors entourées de granules de terre cuite dans un pot dont les côtés sont ouverts, lequel est placé dans un baquet d'eau coulant doucement dans une serre chaude. Les granules servent seulement à supporter les racines et la plante commencera à faire de plus fortes racines d'eau dans environ deux mois. Après ce temps, la plante est habituellement prête à être vendue.

La plupart des unités de culture hydroponique sont munies d'un indicateur semblable à celui du contenant à auto-arrosage. Il est important de conserver le niveau d'eau à la marque inférieure pour une semaine au moins avant de recharger le contenant. Ceci permettra une bonne aération, essentielle aux plantes dont les racines sont restreintes à un pot.

Afin de nourrir la plante, on place dans l'eau un nutriment à diffusion lente. Le nutriment est activé et disponible pour la plante au fur et à mesure que l'eau passe par des changements chimiques. Ces changements se produiront si l'eau disponible pour la plante est tirée de la source d'eau domestique.

Si vous suivez les conseils donnés au moment de l'achat de la plante et que ses conditions de croissance sont bonnes, la méthode hydroponique donnera de meilleurs résultats que la culture en terre.

Culture sans sol Les plantes dont les racines sont plongées dans l'eau nécessitent un fertilisant spécial à action lente. Ajouter d'abord une dose dans le contenant externe.

Ensuite, ajouter un rang de granules de terre cuite qui serviront de support au pot interne contenant la plante. Ajouter de l'eau pour dissoudre le fertilisant.

Le pot interne contient un indicateur de niveau d'eau qui va jusqu'à la base du pot externe. Des ouvertures permettent aux racines de se développer dans la solution de fertilisant.

Placer le pot contenant la plante dans le pot externe, sur la base de granules, de façon à ce que le bord interne soit juste sous le bord externe.

Enfin, verser suffisamment de granules pour remplir l'espace entre les deux pots (ci-dessus) et pour bien garnir le dessus.

Le résultat final (à droite) est un solide *Yucca*, de belle apparence, flanqué de l'important indicateur de niveau d'eau qui rappelle son statut de plante hydroponique. Lorsque le flotteur de l'indicateur descend au degré minimum, compter une semaine avant d'ajouter de l'eau. Ceci permettra aux racines de respirer. Le fertilisant peut nourrir une plante de dimension moyenne pendant environ six mois. Il libère les nutriments selon les besoins de la plante; un fertilisant régulier donnerait trop de nourriture à la fois. La culture hydroponique s'adapte bien aux espaces publics et aux bureaux.

Guide des plantes

Ce guide illustré, qui se divise en trois parties, couvre 100 espèces de plantes exotiques. La première partie traite des variétés à fleurs et à feuillage, la seconde s'intéresse aux cactus et aux plantes grasses et la troisième explore une sélection de la famille des orchidées. Pour faciliter les références, les plantes sont présentées par ordre alphabétique et ce, dans chacune des trois parties qui composent le présent ouvrage.

Un bel exemple de *Belperone guttata* (page précédente), communément appelée "plante crevette" à cause de la forme de ses bractées.

Abutilon

Les abutilons (érables florifères) qui fleurissent librement l'été et donnent des fleurs pendulaires en forme de cloche, ont un feuillage vert ou versicolore. Ils sont d'entretien facile si l'éclairage est adéquat et peuvent être plantés à l'extérieur durant l'été. Les plants plus vieux doivent être émondés à l'automne et on s'en débarrasse après deux ou trois ans. Le bouturage se fait à partir des tiges du haut ayant à peu près 13 cm de longueur.

Les deux espèces cultivées pour l'intérieur sont l'*Abutilon thompsonii* et l'*Abutilon sevitzia*. L'*A. thompsonii* (parfois appelé *A. striatum*) porte une fleur d'un rouge orangé et croît jusqu' à une hauteur de 1,5 m. Il requiert beaucoup d'eau et de nourriture pendant la saison de croissance et nécessite de la luminosité pour garder la couleur brillante de son feuillage.

L'*A. sevitzia* peut atteindre de 1,8 à 2,1 m de hauteur, lorsqu'il croît dans un pot suffisamment grand; l'émondage le gardera dans des proportions plus manipulables. Ses fleurs pendulaires de couleur abricot s'épanouissent en été, mais le principal intérêt de l'espèce est son feuillage vert et blanc.

Abutilon Un feuillage très coloré caractérise ces plantes, mais un éclairage vif est nécessaire pour qu'il ne tourne pas au vert. Puisque les températures fraîches ne lui sont pas contraires, cette plante peut se retrouver dans une plate-bande ou une bordure. À la fin de l'été, elle sera taillée afin de la réduire à une forme plus manipulable. L'hiver sera plus facile pour elle si le sol est sec et qu'on ne lui donne pas de nourriture.

ABUTILON

Lumière et position

Ces plantes requièrent un espace clair et peuvent être placées à l'extérieur en été, dans un endroit mi-ombragé.

Engrais

Bien nourrir durant la période de croissance, du printemps à l'automne. Donner une nourriture liquide diluée régulièrement.

Amplitude thermique

Fraîche Moyenne Chaude

Garder la plante au frais, surtout en hiver, alors que la température devrait se situer entre 10° et 16° C.

Entretien saisonnier

Hiver Printemps Été Automne

Rempoter, dans un sol à base de terre grasse (terreau), quand une balle de racines entremêlées se formera. Au printemps, le bouturage se fait avec les tiges coupées ou des semences.

Arrosage

L'eau est essentielle lorsque la plante est dans sa période active de croissance. Elle peut parfois être vaporisée.

Sol

Le terreau idéal sera à base de terre grasse et le drainage devra se faire librement.

Acalyphe

CE GENRE comprend des plantes décoratives au feuillage très coloré dans des variétés nombreuses d'*A. wilkesiana* et avec des bractées pendulaires intéressantes chez les *A. hispida*.

Les variétés de wilkesiana ne seront pas trop difficiles à réussir si la température se maintient autour de 18° C et que l'on garde l'oeil ouvert pour déceler les tétranyques sous les feuilles. On cultive ces plantes pour la couleur exotique de leur feuillage habituellement diapré et très coloré, allant du rouge au jaune en passant par le bronze profond. Plusieurs variétés de wilkesiana offrent un mélange de couleurs sur une même feuille. Cultivées dans un bon éclairage, ces plantes auront de plus belles couleurs et seront plus fournies. Les plantes en pot auront un diamètre d'environ 20 cm et pousseront jusqu'à 90 cm.

L'*A. hispida* possède des bractées tombantes rouges en queue de rat pouvant faire 45 cm ou plus de long. Elle est impressionnante lorsqu'adulte, mais pas toujours facile à entretenir. Ses grandes feuilles d'un vert pâle sont d'apparence rude. Elles ne sont pas remarquables, mais mettent en valeur les bractées aux couleurs vives.

Un sol à base de terreau riche est essentiel et des pots d'un diamètre d'au moins 18 cm seront nécessaires à ces plantes qui ont tendance à grossir. L'humidité et une alimentation régulière sont importantes, sans oublier la surveillance des tétranyques, particulièrement autour des jeunes pousses.

L'acalypha hispida (photographie principale à droite), avec ses bractées rouges retombantes en forme de queue, est particulièrement frappante, en dépit de ses feuilles au colori fade. Par contraste, l'*A. wilkesiana* (inséré) est surtout cultivée pour son feuillage décoratif.

ACALYPHE

Lumière et position

L'acalyphe apprécie la lumière, mais pas une exposition continue au soleil vif.

Engrais

Cette plante vorace durant les mois actifs d'été demandera beaucoup de nourriture.

Amplitude thermique

Fraîche Moyenne Chaude

Une température relativement chaude est requise, de 15° C jusqu'à 21° C. Les boutures et les jeunes plants nécessitent les plus hautes températures dans l'amplitude thermique.

Entretien saisonnier

Hiver Printemps Été Automne

Il est difficile de cultiver cette plante à moins de pouvoir maintenir de bonnes conditions de chaleur et d'humidité.

Arrosage

La plante s'épanouira si le sol est très humide tout le temps, ce qui nécessite un surplus d'eau en été.

Sol

Les boutures réussissent dans de petits pots remplis de tourbe fraîche. Au rempotage, utiliser un mélange à base de terre grasse (terreau) afin de bien nourrir la plante pendant sa période de croissance.

Plante suspendue

Aeschynanthus

Ce sont des plantes naturellement retombantes, qui produisent une abondance de branches aux feuilles à l'apparence de cuir d'un vert métallique brillant. Pour qu'elles soient à leur avantage, il convient de les mettre dans de petits pots ou des paniers suspendus où il n'y aura qu'une seule variété d'aeschynanthus, plutôt que d'en combiner plusieurs.

Les boutures prendront racine facilement si elles sont placées dans un germoir chaud. Placez cinq ou six boutures dans des pots de 8 cm de diamètre et ensuite mettez trois de ces plantes dans de petits paniers suspendus. Le résultat donnera une plante bien garnie regorgeant de branches en cascade.

L'*aeschynanthus lobbianus* est une des espèces les plus populaires. Du milieu à la fin de l'été, les branches porteront de jolies fleurs d'un rouge sombre, émergeant de calices intéressants d'un rouge doux. Les fleurs rouges ont une gorge jaune et sont fort attirantes. Plusieurs autres espèces ont des habitudes de croissance similaires et leurs fleurs sont de couleurs variées et attrayantes.

AESCHYNANTHUS

Lumière et position

Ces plantes apprécient la lumière vive, mais elles ne doivent pas être exposées au soleil direct plus de 2 à 3 heures par jour.

Engrais

Fertilisant liquide, appliqué régulièrement, si nécessaire.

Amplitude thermique

Fraîche Moyenne Chaude

Garder à la température de la pièce, en autant que l'humidité est élevée. Vaporiser la plante tous les jours durant la floraison.

Entretien saisonnier

Hiver Printemps Été Automne

Après la floraison, ces plantes peuvent être émondées légèrement pour leur donner une plus belle forme. Les boutures, de quelques centimètres de longueur, peuvent être mises à faire des racines lorsque la plante n'est pas en fleur.

Arrosage

Arrosage abondant durant la croissance, modéré le reste du temps.

Sol

Employer un mélange de tourbe pour rempoter les plantes dans de grands pots.

L'Aeschymanthus lobbianus (en haut) est idéal pour garnir les paniers suspendus. Les magnifiques fleurs rouges et jaunes (détail ci-dessus) s'épanouissent du milieu à la fin de l'été.

Aglaonema

Il y a plusieurs espèces d'aglaonemas. Presque toutes ont des marbrures intéressantes et poussent étroitement agglutinées, ce qui en fait des sujets parfaits à planter sous d'autres plantes dans des arrangements d'intérieur. Les aglaonemas réussissent bien dans un environnement peu éclairé où l'atmosphère est raisonnablement humide et où la température se situe autour de 16-21° C.

La variété la plus populaire est l'*A. crispum* 'Silver Queen', un hybride américain souvent utilisé comme plante décorative en Europe. Comme le suggère le nom de l'hybride, les feuilles d'un vert gris ont un reflet argenté.

L'*A. pseudo bracteatum* est une plante beaucoup plus forte qui atteindra une hauteur de quelque 75 cm; elle est munie de feuilles en forme de lance dans un ton versicolore crème et vert.

Pour un arrangement hardi, il y a peu de meilleurs sujets que l'*A. roebelinii*, aux feuilles d'un vert argenté et à l'apparence générale de gris. Les plantes poussent en groupes importants et peuvent atteindre 90 cm de haut et de large dans des pots de 25 cm.

AGLAONEMA

Lumière et position

L'aglaonema s'accomode sans problème d'un faible éclairage, mais ne doit pas être exposée directement au soleil.

Engrais

Les plantes adultes devraient recevoir de la nourriture liquide chaque fois qu'elles sont nourries, afin de s'épanouir.

Amplitude thermique

Cette plante ne doit pas être placée dans le froid. Une pièce chaude entre 15°-21° C est convenable, mais une aglaonema poussera encore plus vigoureusement si la température est plus haute.

Entretien saisonnier

Si leurs conditions d'existence sont bonnes, les aglaonemas seront en santé. Elles sont sensibles aux vapeurs d'huile et de gaz. Tenir les agloanemas éloignées des fenêtres et des courants d'air.

Arrosage

Les aglaonemas doivent être arrosées régulièrement afin de maintenir humide le mélange à empoter.

Sol

Un mélange de tourbe est nécessaire aux aglaonemas et le rempotage ne devrait pas se faire en hiver, si possible.

Les aglaonemas sont des plantes feuillues qui poussent en groupes compacts. L'*A. crispum* 'Reine argentée' (ci-dessus) et l'*A. trewbii* (ci-desssous) sont deux espèces populaires.

Allamanda

CES PLANTES FLEURIES aux feuilles vert foncé et aux fleurs trompettes d'un jaune riche sont très séduisantes. Elles sont naturellement grimpantes et s'épanouissent à une température supérieure à 16° C.

Avec ses fleurs d'un jaune doux, l'*A. cathartica* atteindra une hauteur de 2,4 m et devra être attachée à un tuteur. La variété *A. cathartica* 'Grandiflora' a des fleurs atteignant près de 13 cm de large, ce qui constitue une rareté.

Avec sa tige ligneuse qui doit être fixée à un tuteur (c'est aussi une plante jolie lorsque non attachée) l'espèce *A. neriifolia* produit des petites fleurs trompettes d'un jaune brillant qui ne privilégient pas une saison en particulier. Le feuillage est commun, mais la plante fleurira pendant près d'un an si elle est placée dans un environnement humide, chaud et ombragé. Le sol doit toujours être humide et l'alimentation régulière. Le bouturage se fait au printemps dans un mélange de mousse de tourbe et de gros sable.

Les allamandas se présentent en forme d'arbustes ou de plantes grimpantes et se développent dans des conditions de chaleur, d'humidité et de pénombre. Plusieurs espèces nécessitent un tuteur et elles sont à leur meilleur lorsqu'elles poussent contre le mur d'une pièce jardin ou d'une serre. Comme toutes les allamandas, l'*A. cathartica* (ci-dessous) produit de jolies fleurs jaunes en forme de trompettes, (détail à droite).

ALLAMANDA

Lumière et position

Elles aiment la lumière vive, mais ne devraient pas y être exposées plus de 3 à 4 heures par jour.

Engrais

Nourrir les plantes adultes régulièrement, mais pas en hiver durant la période de repos.

Amplitude thermique

Fraîche — Moyenne — Chaude

Même si les plantes tolèrent une température plus basse en été, il est important de maintenir un minimum de 18° C. L'humidité est essentielle.

Entretien saisonnier

Hiver — Printemps — Été — Automne

Le rempotage doit être fait au printemps ou tôt à l'été, en se servant d'un mélange composé de terre grasse. En hiver, émonder la plante des deux-tiers.

Arrosage

Garder le sol humide en tout temps. Arroser modérément durant la période de croissance et avec parcimonie en hiver.

Sol

Ne jamais laisser la terre se dessécher à l'excès.

Anthurium

CE GENRE comprend trois espèces: l'*A. andreanum*, l'*A. scherzerianum* et l'*A. crystallinum*. Les deux premières donnent de spectaculaires fleurs cirées alors que la dernière est surtout une plante à feuilles.

L'*anthurium andreanum* est un aristocrate du monde des plantes. Il produit des grandes bractées appelées spathes qui poussent au-dessus de feuilles dont l'aspect s'apparente à du cuir. Leurs pétioles ont 91 cm de longueur. Coupées, ces fleurs se conservent dans l'eau pendant six semaines, ce qui en fait les favorites des fleuristes.

L'*A. scherzerianum* produit de plus petites fleurs en plus grande quantité. Les spathes d'un rouge vif fleurissent durant les premiers mois de l'année. Les fleurs plus grosses auront peut-être besoin d'un tuteur. L'*A. scherzerianum* est plus facile à entretenir que l'*A. andreanum* mais a besoin d'humidité, de chaleur et d'un éclairage raisonnable pour se développer. Chez certaines plantes, la tige florale peut être faible et un tuteur sera alors nécessaire pour produire un plus bel effet.

La troisième plante de ce genre, l'*A. crystallinum*, possède de grandes feuilles en forme de coeur. De couleur vert foncé, elles ont de fortes veinures et sont très remarquables. La spathe, par comparaison, est fade.

L'*A. crystallinum* est surtout une plante de spécialiste qui pourra lui donner une température d'au moins 21° C et une forte humidité. L'humidité doit être constante et le sol dans lequel la plante pousse doit se drainer très facilement, au point où l'eau disparaît dans la terre au moment même où elle y est versée. Pour y arriver, l'installation de la plante sur une structure de lattes de bois aux bords relevés constitue l'idéal. L'extérieur est doublé de mousse qui garde la tourbe et le sol en position.

L'anthurium fleurit dans des conditions chaudes et humides et dans un environnement quelque peu ombragé. Il fleurira tout au long de l'année si l'atmosphère est propice. Même si les racines de cette plante doivent être constamment mouillées, il ne faut pas faire baigner le pot dans l'eau, car cela pourrait causer le pourrissement et la détérioration générale de la plante. De l'eau de pluie, à la température de la pièce, est préférable à l'eau froide du robinet. La plante ne nécessite pas de nourriture l'hiver, mais en d'autres moments, on ajoute un faible fertilisant à tomates à chaque arrosage.

ANTHURIUM

Lumière et position

Ces plantes n'ont pas besoin d'une lumière trop vive, mais elles devraient être placées à proximité d'une fenêtre.

Engrais

Utiliser un fertilisant liquide aux quinze jours, aussi longtemps que la plante est en période de croissance.

Amplitude thermique

Fraîche Moyenne Chaude

Une température et une humidité élevées devraient être constantes.

Entretien saisonnier

Hiver Printemps Été Automne

Afin d'améliorer l'apparence des plantes à larges fleurs, il est nécessaire de supporter les tiges pour éviter qu'elles ne se courbent de triste façon. Le rempotage peut se faire en tout temps, excepté à la mi-hiver.

Arrosage

Vaporiser le feuillage d'un mince voile d'eau si nécessaire.

Sol

Utiliser un riche mélange de tourbe qui contient un peu de terre grasse et un petit peu de mousse de sphaigne fraîche.

Aphelandra

Ce genre comprend environ 80 espèces d'arbustes et de plantes, dont seulement quelques-unes peuvent être cultivées à l'intérieur. Le feuillage d'un vert gris possède des marques argentées; à l'extrémité supérieure de chaque tige, une bractée d'un jaune vif apparaît et compense pour les petites fleurs, très ordinaires.

L'espèce populaire *Aphelandra squarrosa* est habituellement vue soit dans la variété *A.s.* 'Louisae' ou *A.s.* 'Dania'. L'A.s. 'Louisae' est indigène du Brésil et atteint une hauteur de quelque 75 cm lorsqu'elle est cultivée en pot. Les feuilles fermes ont un beau mélange d'argent et de vert; les bractées sont d'un jaune riche et ont une longue vie. Les fleurs sont insignifiantes lorsqu'on les compare à la bractée très colorée.

A.s. 'Louisae' doit être arrosée fréquemment, car elle produit une grande quantité de grosses racines charnues. L'alimentation régulière est importante et doit être faite à chaque arrosage, sans s'inquiéter si l'on dépasse la quantité recommandée par le manufacturier. Les aphis peuvent constituer un problème ainsi que les coccidés.

Pendant tout l'été, le feuillage de l'*A. squarrosa* 'Dania', d'un vert vif strié d'argent, pousse en forme compacte surmontée de bractées jaunes. Rempoter avec une terre grasse à base de terreau qui sustentera mieux et plus longtemps la plante qu'un mélange sans sol.

Les aphelandras ont un feuillage attirant et de belles pointes de bractées jaune vif, mais leurs fleurs sont plutôt insignifiantes. L'*A. squarrosa* (à droite) est une espèce populaire. Les feuilles ovales (ci-dessous) sont rayées d'argent, ce qui donne à la plante son nom de plante zèbre.

APHELANDRA

Lumière et position

Elle ne requiert pas un plein éclairage pour se développer pleinement. Une bonne lumière est nécessaire, mais pas de soleil.

Amplitude thermique

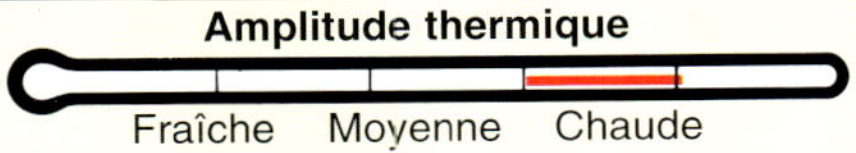

Des températures chaudes de 18° à 21° C sont essentielles, car cette plante est particulièrement vulnérable au froid. Elle apprécie une atmosphère humide.

Arrosage

L'aphelandra doit être arrosée régulièrement bien que trop d'eau peut causer le botrylis.

Engrais

Cette plante produit une masse de racines et aime être bien nourrie. Le fertilisant liquide sera donné dans le sol.

Entretien saisonnier

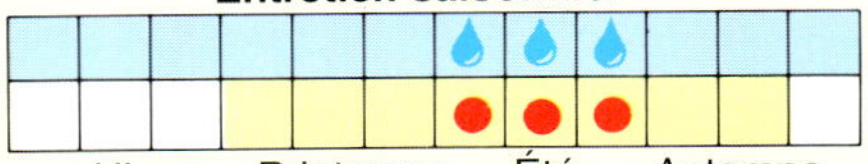

La seule variante dans le traitement de cette plante se fait après la floraison, lorsqu'on peut la maintenir dans la portion la plus fraîche de sa température préférée et qu'on lui donne moins à manger et à boire pendant qu'elle se repose. Cette plante ne survivra pas à la négligence.

Sol

Rempoter l'aphelandra tôt après l'avoir achetée, avec un mélange contenant une forte proportion de terre grasse (terreau).

Beaucarnea

IL N'Y A qu'une plante d'intérieur dans le genre *Beaucarnea*. Relativement nouveau sur la scène européenne, le *Beaucarnea recurvata* est une plante résistante qui endure les mauvais traitements (mais pas le froid!) sans en être trop affectée.

Le *B. recurvata* est indigène du Mexique. Son nom commun en Amérique est le palmier bouteille; en Europe, il est connu comme la plante queue de cheval. Le premier nom illustre la base bulbeuse en forme de bouteille propre aux plus vieilles plantes, alors que la queue de cheval réfère aux feuilles raides retombantes à la façon de la queue bien garnie du petit poney. Les feuilles sont étroites, cassantes, d'un vert foncé luisant.

Cette espèce est habituée de croître dans des conditions très arides. Elle requiert un bon arrosage au printemps et en été, mais parce qu'elle retient l'humidité dans ses tiges bulbeuses, elle nécessite peu ou pas d'eau en hiver. Aucun fertilisant n'est nécessaire durant la saison estivale, mais les plantes matures doivent être nourries chaque semaine en été. Les cochenilles des serres sont parfois un problème.

Le beaucarnea recurvata (ci-dessus) est une plante résistante à l'apparence inusitée. Les longues feuilles raides et cassantes poussent d'une base bulbeuse, ce qui donne à la plante ses deux noms communs de queue de cheval et de palmier bouteille. Cette plante d'intérieur présente peu de problèmes et n'est pas exigeante aussi longtemps qu'elle bénéficie d'une température raisonnable.

BEAUCARNEA

Lumière et position

Cultiver les plantes dans une lumière vive et indirecte; un peu de soleil direct est bénéfique.

Engrais

Les plantes ne demandent pas beaucoup de nourriture. Donner une faible dose de fertilisant liquide au printemps et en été.

Amplitude thermique

Fraîche Moyenne Chaude

Les beaucarneas s'épanouiront à la température moyenne de la pièce. Une température minimale de 16° C en hiver est nécessaire.

Entretien saisonnier

Hiver Printemps Été Automne

Ces plantes sont faciles à entretenir et demandent peu d'attention. Rempotez-les au printemps si nécessaire.

Arrosage

Arroser à fond et cesser jusqu'à ce que le compost soit relativement sec. Ne pas noyer.

Sol

Employer un compost à base de terre grasse.

Bégonias

LE *B. SOLONANTHERA* aux fleurs blanches pendulaires a une délicate fragrance, mais il est le seul membre de la grande famille des bégonias à avoir cet attribut. À l'exception du parfum, la famille des bégonias nous offre presque tout ce que nous pouvons désirer chez les plantes, y compris le feuillage exotique et les fleurs aux brillantes couleurs. Il y a les bégonias délicats et les vigoureux, les bégonias pour le soleil et ceux pour l'ombre, les verticaux et ceux qui croulent en de stupéfiantes cascades.

Begonia cleopatra. Voici une plante attrayante et bien tournée aux feuilles étoilées. Les plantes se développent en groupes compacts d'un peu plus de 38 cm de haut dans une jolie teinte vert bronze. Tard au printemps et tôt en été, les fleurs roses se regroupent sur une tige de 30 cm de long.

Begonia fuchsioides. Comme son nom l'indique, les fleurs de cette plante ressemblent à celles du fuchsia. Les fleurs rouge vif poussent à profusion en été. Les feuilles abondantes sont petites, d'un vert sombre brillant.

Begonia haageana. Il est connu aussi sous le nom de *B. scharffii* et ses feuilles ont la couleur des racines de betteraves lorsqu'elles perdent leur couleur rouge et évoluent vers ce mélange étrange de jaune, vert et brun. Les feuilles sont duveteuses et les grappes de fleurs émergent des tiges qui ont tendance à retomber.

Begonia lucerne. Connu aussi comme le *B. Président Carnot*, il est un des plus grands des bégonias de type canne et probablement le meilleur de ceux-ci. Les feuilles, d'un vert brun, sont tachetées d'argent, mais son attrait consiste en d'immenses grappes de fleurs roses retombantes.

Le *begonia manicata* a des feuilles d'un vert bronze, de forme ronde, surmontées d'une abondance de délicates fleurs rose pâle qui masquent presque tout ce feuillage.

Begonia rex. Il est cultivé davantage pour son intéressant feuillage que pour ses fleurs, plutôt insignifiantes. La palette des couleurs des feuilles va de l'argent au brun foncé et aux nombreux tons de rouge et de vert.

Même si un bon éclairage est requis, les plantes ne devraient pas être exposées directement au soleil. Contrairement à la majorité des plantes aux feuilles colorées, elles ne perdent rien de leur brillance lorsqu'elles poussent dans un éclairage plus faible.

Le *Begonia 'Rieger'*, très populaire, fut développé sur le continent européen durant la dernière décennie. La plante a des feuilles d'un vert foncé luisant et des fleurs aux couleurs variées, du blanc au jaune, en passant par l'orangé et le rouge. Parmi les bégonias qui fleurissent, il est le plus facile à entretenir.

Begonia solonanthera. Cette variété, naturellement faite pour être suspendue, donne le meilleur effet lorsque deux ou trois petites plantes de la même variété sont plantées dans un panier suspendu de dimension moyenne. Des feuilles vert pâle

Les Bégonias offrent une vaste gamme de feuillage à motifs et de fleurs brillamment colorées. Le *B. tuberhybrida* (à gauche) est disponible en plusieurs variétés, chacune avec des fleurs de couleurs différentes. Le *B. haegaena* (au centre) est facile à entretenir. Le *B. lucerne* (à droite) est le plus grand.

sur de nombreuses tiges se répandent par-dessus le contenant et sont vites suivies de grappes de fleurs blanches pendant plusieurs mois. Des pétales tombent continuellement, ainsi que des cosses brunes, rendant cette plante brouillonne. Cependant, il s'agit d'un des rares bégonias parfumés disponibles.

Begonia Tiger. Cette plante produit des quantités de petites feuilles; ordonnée et compacte, elle est idéale pour agrémenter un rebord de fenêtre. La couleur d'arrière-plan du feuillage est vert bronze et de nombreuses taches brun chocolat le marquent. Par comparaison, les fleurs rose pâle sont fades.

Le *Begonia tuberhybrida* est spectaculaire et lorsqu'il est cultivé par un spécialiste. Les feuilles sont ovales et vert foncé; les fleurs sont blanches, orangées, roses, rouges ou jaunes. Les plantes peuvent être cultivées à partir de semences, mais il est préférable de commencer avec des tubercules. Si l'on peut s'offrir des variétés titrées, cela en vaut la peine, car elles seront supérieures aux tubercules.

Le bégonia 'Rieger' (ci-dessus) est une plante d'intérieur très populaire, facile à garder dans la maison et qui produit des fleurs brillantes.
Le bégonia Tiger (en bas) est une plante compacte appréciée pour son feuillage inhabituel.

BÉGONIA

Lumière et position

Les bégonias demandent une lumière vive mais pas de soleil direct. Les rebords de fenêtres pas trop froids sont idéals.

Amplitude thermique

Fraîche Moyenne Chaude

Durant leur période de croissance, les bégonias aux racines fibreuses, ceux à rhizomes et les tubéreux, vont s'épanouir dans une pièce maintenue à environ 15° C.

Arrosage

Les bégonias n'aiment pas l'air sec. En période de croissance, arroser modérément et laisser sécher à 3 cm de profondeur.

Engrais

En croissance, donner un fertilisant liquide standard aux deux semaines. Les types à canne doivent recevoir un fertilisant liquide.

Entretien saisonnier

Hiver Printemps Été Automne

Les types à canne demandent une attention continue, car il faut enlever les pétales et les feuilles qui meurent, afin d'éviter les champignons. Lorsque les plantes ne sont plus aussi belles, les couper pour le bouturage. Lorsqu'il est feuillu, le plant nécessite un arrosage copieux.

Sol

Pour le *B. rex*, employer un mélange de tourbe et des mélanges sans terre pour le *B. 'Rieger'*.

Bélopérone

LE RÉPUTÉ *BÉLOPÉRONE GUTTATA* est la seule plante de ce genre largement cultivée pour la maison. Communément appelée "plante crevette", elle forme d'abondantes bractées colorés pendant presque toute l'année. Des feuilles vertes, minces et sans intérêt, sont reliées à des tiges imitant le fil de fer qui peuvent atteindre une hauteur de 1,8 m, mais que l'on peut tailler n'importe quand afin de leur donner une forme. Les fleurs sont blanc cassé et ajoutent peu à l'apparence de la plante. Les bractées, cependant, ont une riche tonalité automnale sur le dessus et un beau vert lime en-dessous. Elles ressemblent vraiment à des crevettes, d'où leur nom commun.

Le *B. guttata* requiert le plein soleil et un sol de terre riche. Garder les plantes humides et les nourrir à chaque arrosage. Dans les premiers stades du développement de la plante, enlever les bractées au fur et à mesure qu'elles apparaissent pour stimuler la croissance. Émonder lorsque nécessaire. Le bouturage des jeunes pousses de quelques centimètres de long produira des racines presque n'importe quand, mais il faut enlever les bractées qui pourraient être attachées à la bouture. Aucun insecte nuisible ne semble s'attaquer à cette plante.

BÉLOPÉRONE

Lumière et position

La plante crevette nécessite beaucoup de lumière pour fleurir mais doit être protégée des rayons directs du soleil.

Engrais

Une nourriture fréquente et régulière est essentielle à cette plante lorsqu'elle est bien établie.

Amplitude thermique

La plante s'accommode assez bien d'une température entre 13° et 21° C. Durant l'hiver, elle préférera les degrés les plus frais de l'échelle de température.

Entretien saisonnier

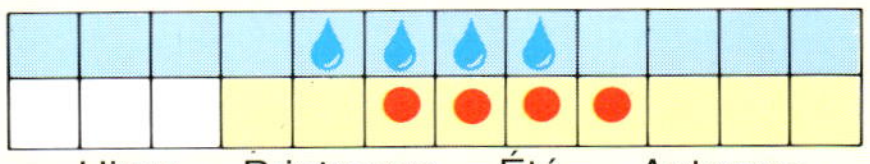

La plante crevette a tendance à devenir fuselée, ce qui peut être inversé en pinçant les extrémités de la jeune plante en croissance, afin qu'elle s'élargisse. L'émondage peut être fait après la principale floraison d'été.

Arrosage

L'eau peut être versée du dessus du pot. Cette plante aime l'humidité mais pas la saturation.

Sol

Un rempotage fréquent est essentiel. Employer un mélange à base de terre grasse et rempoter fermement la plante.

Le Bélopérone guttata (ci-dessus) est une grande plante broussailleuse qui se dégarnit dans le bas si elle n'est pas taillée. L'attrait de cette populaire plante d'intérieur est sa bractée prédominante (à droite) qui ressemble à une crevette.

Bougainvillée

Fleur papier
Vigne papier

Les bougainvillées sont des plantes grimpantes aux couleurs éclatantes qui sont une particularité des pays méditerranéens. Les grappes de bractées colorées à l'allure de papier entourent une toute petite fleur. On peut cultiver en pots le *B.glabra* (ci-dessus et à gauche) si on lui fournit suffisamment de lumière.

TOUTE PERSONNE voyageant dans des régions tempérées aura certainement été frappée par cette plante remarquable, le bougainvillée, appelée aussi Fleur papier. Les bractées colorées, à l'allure de papier, apparaissent habituellement en grappes de 10 à 20 et peuvent persister pendant plusieurs semaines. Les feuilles sont petites et ovales; les bractées entourent de petites fleurs couleur crème.

Une des meilleures espèces à garder à l'intérieur est le *Bougainvillea glabra*. Les fleurs bractées rouges s'épanouissent à profusion; les petites feuilles vertes sont, par comparaison, insignifiantes. Plusieurs formes versicolores de cette plante sont disponibles. Le *B. g.* 'Harrisii' possède des feuilles vertes panachées de blanc crémeux; les feuilles du *B. g.* 'Sanderana Variegata' ont une bordure du même blanc crémeux. De nombreuses autres espèces de bougainvillées existent et les couleurs des fleurs vont du blanc, à l'orangé, en passant par le jaune, le rose et le pourpre.

Malgré leurs couleurs vives et leur apparence exotique, les bougainvillées ne sont pas difficiles à entretenir: ils nécessitent une pleine lumière et de l'aération. Ce sont de bonnes plantes de serres fraîches où elles peuvent être attachées contre un mur ou un plafond, afin que l'on puisse admirer leurs fleurs en cascades.

Les pousses peuvent être émondées après la floraison et le bouturage se fait à partir de solides morceaux de tige d'environ 15 cm. En hiver, les plantes sont dormantes et n'ont pas besoin d'eau; elles doivent rester sèches jusqu'à la nouvelle croissance.

Ces plantes nécessitent une lumière vive et plusieurs heures de soleil direct chaque jour durant la période de croissance. Garder au frais durant l'hiver, mais pas en dessous de 10° C.

BOUGAINVILLÉE

Lumière et position

Une lumière maximale est vitale au bougainvillée, placez-le devant une fenêtre ensoleillée.

Engrais

Pour la fertilisation du bougainvillée, on utilisera au printemps un fertilisant contenant une forte proportion de potasse.

Amplitude thermique

Fraîche Moyenne Chaude

La température n'est pas cruciale durant la période de croissance, mais devrait probablement demeurer à 13° C ou au-dessus si possible.

Entretien saisonnier

Hiver Printemps Été Automne

Le modèle d'entretien saisonnier à suivre est conditionné par la période de croissance en été et la période de latence en hiver. Le bougainvillée peut passer deux ou trois mois sans nourriture et ensuite demander de l'attention quand la nouvelle croissance débute au printemps.

Arrosage

Le sol devrait être humide durant la croissance de la plante, mais elle n'aura pas besoin d'eau en hiver.

Sol

Un compost à base de terre grasse et un rempotage au printemps sont requis.

Bromélies

Ces plantes indigènes de l'Amérique du Sud sont probablement les plus fascinantes de toutes les plantes tropicales.

Presque toutes sont faciles à entretenir et tolèrent beaucoup de négligence. Plusieurs plantes de cette famille sont des épiphytes qui établissent leur ancrage précaire dans les arbres. Certaines de ces plantes, comme les nombreux et variés cryptanthus, sont terrestres et poussent parmi les rochers et les arbres tombés au ras du sol. D'autres sont pratiquement de la mauvaise herbe.

Les plus grandes bromélies produisent des rosettes de feuilles qui s'étalent à la base et font de parfaits réservoirs d'eau. Des bractées fleuries apparaissent au centre de ces urnes, certaines émergeant des feuilles, d'autres à peine sorties de l'eau. Une rosée abondante ou la pluie remplissent ces urnes, lorsque les plantes grandissent dans leur habitat naturel. Puisque les plantes peuvent y puiser leur eau, elles réussissent à survivre à des conditions difficiles. Ces réceptacles fournissent aussi de l'eau aux oiseaux et aux petits animaux qui fréquentent les arbres tropicaux et dont les déjections apportent une certaine quantité de nutrition aux bromélies.

L'arrosage des bromélies. Les bromélies plus grandes devraient être arrosées directement au centre de leur corolle. Ce réservoir est fait de rosettes formées par la base des feuilles que se chevauchent.

Même si les bromélies varient en grosseur, de la petite tillandsias à la majestueuse vriesias, toutes ont les mêmes besoins. La plupart sont à la portée de n'importe quel jardinier. Les plantes dont les feuilles sont en forme d'urne doivent les avoir remplies tout le temps; très peu d'eau doit être versée dans le sol. L'eau qui se trouve dans les urnes peut stagner, aussi il faut la changer, surtout après que les plantes ont produit leurs bractées. Il convient de la remplacer par de l'eau fraîche, de préférence de l'eau de pluie.

Arbre à bromélie Un arbre à bromélie (ci-dessus) bien installé est un ajout intéressant à tout arrangement intérieur (page suivante). Celui-ci illustre la variété des genres qui peuvent être mêlés, chaque plante étant bien ancrée dans un angle de la branche.

Les plus petites tillandsias sont particulièrement bonnes à placer sur un arbre à bromélies. Elles sont très durables et ne s'abîmeront pas en autant que l'arbre est vaporisé d'eau de temps à autre. La *Bilbergia nutans* ou Larmes de la Reine, une autre bromélie à ajouter à l'arbre, produit à intervalles réguliers durant l'année des bractées pendulaires aux couleurs spectaculaires.

L'arbre sera à son plus beau si on y ajoute d'autres plantes, en plus des bromélies. Le feuillage vert doux des petites fougères apportent un contraste à la tillandsia. Le ficus miniature, *F. pumila*, est également indiqué. Ses feuilles fermes de forme ovale s'entortilleront autour des branches de l'arbre.

De la mousse de sphaigne humide est enveloppée autour de la base de chaque rosette, de manière à couvrir toutes les racines.

Des morceaux d'écorce de liège sont placés autour de la base de mousse et le tout est attaché à la branche avec du fil de fer.

Aechmea

Ce genre procure de nombreuses plantes majestueuses dont plusieurs sont souvent employées à des fins décoratives. L'*Aechmea caudata*, avec son feuillage crème et vert vif, est une des meilleures plantes d'exposition. Les bractées orangées sont délicieuses mais sont occasionnelles.

La plus connue des bromélies, en tant que plante décorative, est probablement l'*A. fasciata* (appelée aussi *A. rhodocyanea* ou *Bilbergia rhodocyanea*) avec son grand feuillage gris argent et ses superbes bractées roses d'où émergent de petites fleurs d'un bleu intense. Les feuilles sont larges, droites, et ont une épine noire le long de leur bordure; les bractées demeurent très colorées pendant plusieurs mois, faisant de cette plante une des meilleures de toutes les plantes exotiques d'intérieur. L'*A. fulgens* aux douces feuilles rouge vin est agréable et produit de petites bractées. L'*A. chantinii* possède des épines traîtresses le long des bordures des feuilles, il faut donc les manipuler avec soin.

Ananas

La seule bromélie ayant une valeur commerciale est l'ananas, qui nous procure le fruit du même nom. Bien que la plupart des ananas ne sont pas cultivés à l'intérieur, l'*A. comosus* développe de petits ananas lorsque les racines sont confinées au pot, mais le fruit est petit et insignifiant. Les feuilles vertes et dures ne sont pas particulièrement jolies mais il s'en trouve des formes versicolores. L'*A. bracteatus striatus* a une grande valeur comme plante décorative, à la fois pour son feuillage remarquable et pour son apparence majestueuse au moment de la production du fruit. Tous les ananas sont des plantes faciles à entretenir, mais elles ont tendance à devenir très grandes; elles sont munies d'épines vicieuses le long des bordures des feuilles et ont besoin de beaucoup d'espace pour se développer.

Billbergia

LE *B. NUTANS* (Larmes de Reine) plus commun et le *B. windii* à larges feuilles sont parmi les plus robustes des plantes d'intérieur. Les bractées fleuries sont très colorées et pendulaires, il faut donc mettre les plantes sur un piédestal ou les suspendre pour qu'elles produisent leur plus bel effet. Les feuilles ne sont pas très jolies, mais les fleurs s'épanouissent à tout moment. Le *B. nutans* et le *B. windii* produisent d'épaisses touffes qui peuvent être séparées, en dehors de la période de floraison, pour constituer des plantes nouvelles.

Le *B. pyramidalis concolor*, ne produisant pas de rejetons pour le bouturage, est par le fait même plus rare. C'est une plante tendre, qui a de longues feuilles en forme de tubes où émergent des bractées de couleur spectaculaire, combinaison de rouge pourpre, de violet et de bleu, lesquelles sont plus larges et plus droites que celles du *B. nutans*. Comme pour les autres billbergias, les bractées ont la vie brève. Le nom commun de la plante est 'torche d'été'.

Cryptanthus

LES PLANTES DE CE GENRE ont des feuilles épaisses et charnues formant des rosettes plates de forme stellaire. Dans leur habitat naturel, elles poussent au ras du sol. Elles réussissent bien dans des contenants peu profonds munis de matière assurant le drainage et retenant la terre. Les plantes atteignent rarement, sinon jamais, des dimensions importantes. La meilleure méthode de culture consiste à séparer régulièrement les plus grosses touffes et de prendre les rejetons pour le bouturage de nouvelles plantes.

Le *C. bromelioides tricolor* possède un feuillage rose vif et crème et projette ses feuilles très haut. Ainsi, la plante ressemble moins à une étoile que les autres cryptanthus. Avec ses très petites rosettes vert olive à bandes contrastantes, le *C. bivittatus* 'Minor' est une des plus petites bromélies. Les petites rosettes en viennent à se chevaucher et l'on voit souvent des rosettes être littéralement expulsées du pot. Il en résulte un enracinement dans presque tout ce qui peut leur donner un ancrage raisonnable.

Le *C. fosterianus* a des feuilles très charnues dessinées comme de grandes étoiles plates. Le motif remarquable qui les orne leur a fait donner le nom de feuille faisan. Généralement difficile à obtenir, cette plante fait partie de toute bonne collection de bromélies. L'espèce *C. zonatus* est de couleur semblable, avec des feuilles légèrement ondulées, mais sans la distinction de la feuille faisan.

Guzmania

AVEC LEUR FEUILLAGE en forme de rosettes moins rétives que plusieurs des bromélies à larges feuilles, les guzmanias valent la peine d'être acquises. La *guzmania lingulata* est une espèce épiphytique aux feuilles vert métallique, aux bractées rouges et jaunes, et aux fleurs jaune blanc. Dans ce genre, la *G. monostachya* est une autre plante facile à entretenir, qui produit de minces rosettes formées de feuilles d'un vert jaunissant, dans de grandes touffes qui poussent librement et dont les bractées multicolores sont raides.

Le *G.* 'Omar Morobe', un produit de la Belgique, possède des bractées sans intérêt qui sont plus que compensées par le feuillage rose vif et crème. Il faut laisser les rosettes se

Les Billbergia pyramidalis (ci-dessus) et le *B. nutans* (ci-dessous) possèdent des bractées spectaculaires desquelles émergent les tiges des fleurs. Mais ils ne durent pas longtemps.

L'ananas (ci-dessus) n'est pas une bromélie particulièrement jolie; son intérêt réside dans le fait que ce genre est à l'origine du fruit ananas et que certaines espèces le développent en petit format lorsqu'elles poussent en pot.

Les cryptanthus ont habituellement des feuilles qui forment des rosettes plates étoilées. voici trois espèces décoratives: *C. tricolor* (en haut à droite), *C. zonatus* (en bas à droite) et la *C. 'Favorite de Foster'* (extrême droite).

Les aechmeas sont parmi les plus grandes et les plus spectaculaires des bromélies. Les bractées rose voyant de l'*A. fasciata* (gauche) durent plusieurs mois. L'*A. fulgens* (inséré) montre un colori rouge vin aux bractées écarlates et aux fleurs violettes.

développer à une dimension raisonnable avant de les retirer de la plante parent et de les faire raciner dans un mélange ouvert, comme des plantes individuelles.

Neoregelia

LE NEOREGELIA *carolinae tricolor* est de loin l'espèce la plus populaire des neoregelias. Les plantes forment des rosettes en formes de roues de charettes aux couleurs splendides. Le centre de la plante, autour du réservoir d'eau, tourne au rouge profond lorsque les bractées se forment sous le niveau de l'eau. La rosette porteuse meurt lorsqu'elle a produit des bractées aux allures ordinaires. Les rejetons à la base de la plante doivent être enlevés et on les fera raciner pour développer d'autres plantes.

Tillandsia

LES TILLANDSIAS varient de minuscules plants ressemblant à du lichen à des plants munis de très grandes rosettes de feuilles. Presque tous sont très faciles à entretenir et peuvent rester des semaines sans eau et sans nourriture. La plupart des tillandsias cultivés comme plantes d'intérieur n'ont pas ou peu de racines et sont à leur meilleur sur un arbre à bromélies ou fixés à une pièce d'écorce de liège et attachés avec un peu de mousse de sphaigne.

Le *Tillandsia cyanea* possède des rosettes de feuilles vertes dures récurvées et des bractées roses spectaculaires qui produisent des fleurs bleu vif semblables aux pétunias.

Le *Tillandsia usneoides* connu sous le nom de mousse espagnole est formé de tiges minces comme un fil, couvertes d'écailles grises minuscules. Durant leur croissance sauvage ils pendent des arbres et des rochers en de grands rideaux gris, étouffant toute vie autour d'eux. Si elle est contrôlée, la mousse espagnole peut constituer un ajout spectaculaire à un arbre de broméliеs.

Vriesia

Ce genre comporte plusieurs plantes splendides qui forment toutes de grandes rosettes de feuilles ayant l'apparence du cuir et formant un dessin agréable et coloré.

La plus connue est la *V. spendens* produisant une bractée rouge brillant taillée comme une lance et se tenant fièrement loin des feuilles rayées vertes et brunes. Les bractées vivent longtemps et les plantes nécessitent une bonne lumière dans laquelle grandir. L'urne formée par les feuilles doit toujours contenir de l'eau. Donner à la terre le moins d'eau possible et pas de fertilisant. Les plantes fleuriront après plusieurs années.

D'autres vriesias, comme la *V. hieroglyphica* ou la *V. fenestralis*, dont les feuilles ont un dessin en lacis, produisent des rosettes très grandes et majestueuses qui peuvent avoir 90 cm ou plus de diamètre. Cependant, ce sont des plantes de spécialistes et elles ne sont pas souvent disponibles pour la vente.

Les guzmanias possèdent un feuillage plus doux que plusieurs broméliеs plus grosses. Le *G. lingulata* (en haut) et le *G. Omar Morobe* (ci-dessus) sont deux espèces attirantes.

BROMÉLIES

Lumière et position

Les broméliеs ont besoin d'une bonne lumière qui ne doit pas être trop forte.

Engrais

Un fertilisant liquide peut être répandu sur les feuilles. Les plantes poussant dans la terre ne doivent pas être nourries l'hiver.

Amplitude thermique

Fraîche Moyenne Chaude

Les broméliеs s'épanouissent dans une pièce chaude variant de 15° à 21° C. Un climat constant de chaleur et d'humidité est nécessaire durant la période de croissance.

Entretien saisonnier

Hiver Printemps Été Automne

Les broméliеs devraient être arrosées deux fois la semaine en été, une fois en hiver. Le cryptanthus devrait aussi être arrosé deux fois la semaine en été et une fois la semaine le reste du temps. Lorsque les neoregelias sont arrosées, l'urne de la plante devrait être remplie d'eau tiède.

Arrosage

Arroser les broméliеs modérément de façon à permettre à la surface de sécher sur une profondeur de 3 cm entre les arrosages.

Sol

Sol composé à moitié de mousse de sphaigne et l'autre de terre végétale formée de feuilles avec un peu sable.

Le neoregelia carolinae 'Tricolor' (ci-haut) atteint jusqu'à 60 cm de largeur. Sa rosette de feuilles rayées de couleur crème passe au rouge brillant au moment de la floraison et garde cette couleur pendant des mois si le centre est toujours rempli d'eau.
Les tillandsias (ci-dessous) aux fleurs très colorées sont des plantes idéales pour des jardins sous verre.

La vriesia splendens est une plante exquise. Son attrait principal consiste en une bractée élancée émanant d'une rosette de feuilles. Les fleurs tubulaires jaunes émergeant de la bractée sont cependant sans importance. Comme pour la plupart des multiples espèces de broméliés, les feuilles de celle-ci se chevauchent à la base et forment une rosette constituant une urne retenant l'eau. Cette urne ne doit jamais être à sec, mais il faut parfois changer l'eau.

Caladium

Ailes d'ange
Oreilles d'éléphant
Coeur de Jésus

LES CALADIUMS sont ornés de grandes feuilles en forme de coeurs soutenues par des pétioles de 30 à 51 cm germant du sol. Il existe plusieurs espèces dont les couleurs du feuillage varient du blanc au rouge très profond comportant des nuances diaprées entre ces teintes.

Peu de plantes peuvent rivaliser avec les caladiums en termes de couleurs du feuillage. Un autre attrait des feuilles consiste en leur finesse qui les rend translucides chez certaines espèces, particulièrement le *C. candidum*. Cette plante très populaire est toujours disponible durant l'été alors que les caladiums sont à leur plus beau. Leur nom commun est ailes d'ange, ce qui convient tout à fait au *C. candidum* avec son colori blanc relevé de veines vertes.

Pour se développer, ces plantes nécessitent de la lumière mais pas un emplacement ensoleillé et la température ne doit pas se situer audessous de 18° C. L'humidité contribue à leur épanouissement. Les plantes sont normalement disponibles au printemps et au début de l'été et sont vendues dans des pots de 13 cm dans lesquels ils peuvent demeurer si de la nourriture hebdomadaire leur est donnée. Vers la fin de l'été, les plantes se flétrissent et doivent alors être laissées à sécher graduellement jusqu'à ce que le sol soit complètement sec. Elle doit alors être rangée dans un endroit chaud et sec jusqu'au printemps où elle commencera une nouvelle saison.

CALADIUM

Lumière et position

Choisir un endroit modérément éclairé, loin des rayons directs du soleil.

Engrais

Nourrir généreusement avec du fertilisant liquide régulier toutes les deux semaines pendant la croissance.

Amplitude thermique

Fraîche Moyenne Chaude

Protéger le caladium du froid en tout temps. Ne jamais laisser la température baisser sous 16° C et si possible, maintenir la plante à une température de 21° C et plus.

Entretien saisonnier

Hiver Printemps Été Automne

À l'automne, garder les tubercules dormants dans le mélange à empoter à 18° C. Rempoter dans un mélange frais et garder la température à 21° C. Pour bouturer, détacher de petits tubercules de la plante mère et empoter pour produire une nouvelle plante.

Arrosage

On arrose ces plantes librement durant l'été et on arrête lorsque le feuillage meurt en automne.

Sol

Rempoter les tubercules dans une tourbe riche.

Les caladiums sont des plantes décoratives au feuillage d'aspect délicat. Les grandes feuilles en forme de coeur sont fines comme du papier et la gamme de couleur, va du blanc crème au rouge profond. Le C. 'feuilles d'argent' (à droite) est un des nombreux hybrides existants. Comme la majorité des plantes de ce genre, le motif suit les veines des feuilles.

Calathée

LA PLUPART DES CALATHÉES sont cultivées pour leur feuillage coloré. Ces tendres plantes nécessitent une température minimale de 16° C et une légère pénombre pour grandir.

La *C. insignis*, aux feuilles droites garnies de motifs colorés sur le dessus et marron en dessous, est une plante audacieuse et frappante qui requiert toute l'habileté d'un jardinier expérimenté pour réussir.

La *C. makoyana* ou plante faisan possède des feuilles serrées fines comme du papier, qui se tiennent droites sur de longs pétioles. Ses feuilles de couleur bronze sont fortement dessinées par plusieurs nuances de couleurs contrastantes qui en font une plante particulièrement recherchée.

La *C. ornata* est munie de feuilles droites mais plus allongées. Des rayures rapprochées et colorées zèbrent la feuille; elles pâlissent avec l'âge.

La *C. roseo-picta* est une des meilleures calathées compactes. La couleur d'arrière-plan vert olive possède un éclat métallique qui fait parfaitement ressortir les rayures latérales rouge rosé.

La *Calathea crocata* est une des rares calathées dont les fleurs sont jolies. Les bractées sont orangé brillant; les feuilles vert foncé, ont une forme ovale.

Les calathées sont des plantes exigeantes, cultivées pour la beauté de leur feuillage. La *C. makoyana* (à gauche) et la *C. roseo-picta* (à droite) montrent un feuillage aux couleurs et aux motifs variées.

CALATHÉE

Lumière et position

Pour conserver les couleurs des feuilles, garder ces plantes dans un lieu éclairé hors des rayons directs du soleil.

Amplitude thermique

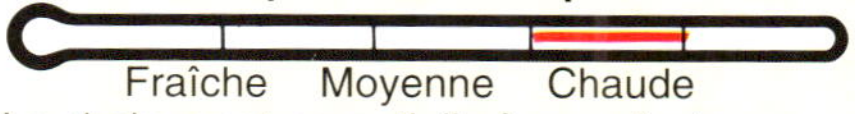

La chaleur est essentielle à ces plantes: l'idéal se situe entre 16° et 21° C. Si la température est plus élevée, maintenir l'humidité par une vaporisation quotidienne.

Arrosage

Arroser généreusement durant la croissance afin de garder le mélange humide.

Engrais

Ces plantes profitent bien d'un bon dosage de fertilisant liquide standard appliqué aux deux semaines durant la croissance.

Entretien saisonnier

Rempoter les plantes saines chaque année au printemps ou tôt à l'été. Pour bouturer, diviser les touffes, en gardant quelques racines. Planter dans des pots de 8 cm et garder dans des sacs de plastique exposés à une lumière moyenne.

Sol

Un mélange à base de tourbe et une alimentation constante sont essentiels pendant que les plantes sont en croissance.

Callistemon

SEULEMENT UNE ESPÈCE du genre *Callistemon* parvient à croître à l'intérieur. Indigène de l'Australie, le *C. citrinus* est une plante solide. Son nom commun est brosse à bouteille en raison de ses fleurs cylindriques, de couleur rouge, qui en ont la forme. Les feuilles sont étroites et vert brillant; les tiges sont ligneuses et les plantes toujours vertes, avec des fleurs qui se développe au sommet des nombreuses branches pendant l'été. Le *C. citrinus* atteint une hauteur maximale de 1,5 m.

Durant l'été, les plantes s'épanouiront à l'extérieur, au soleil, mais dans un endroit protégé. L'émondage est rarement nécessaire, mais en enlevant les pousses des jeunes plantes, elles se développeront mieux. De nouvelles plantes sont obtenues par des semences ou par des boutures d'environ 10 cm de long. Les boutures doivent être préparées à partir des premières tiges fermes prises après la floraison. Il faut rempoter tôt au printemps dans des contenants légèrements plus grands. Un mélange sans terre sera adéquat si les plantes sont nourries correctement, mais un mélange de terre grasse est préférable.

CALLISTEMON

Lumière et position

Les callistemons nécessitent plusieurs heures de lumière du soleil direct chaque jour de façon à bien fleurir.

Amplitude thermique

Fraîche Moyenne Chaude

La température normale de la pièce est adéquate pendant que les plantes sont en croissance. Les garder au frais pendant la période de dormance, à une température de 7° à 10° C.

Arrosage

Arroser généreusement pendant la période de croissance et garder humide durant la période de dormance.

Engrais

Donner du fertilisant liquide une fois toutes les deux semaines durant la période de croissance.

Entretien saisonnier

Hiver Printemps Été Automne

Prendre les boutures tôt en été. Réduire la plante lorsque la floraison est terminée. Durant la croissance, arroser suffisamment, mais ne pas tremper le pot dans l'eau.

Sol

Utiliser un mélange composé à parts égales de terre, de sable et soit de mousse de tourbe, soit de terre végétale.

Le callistemon citrinus (en haut) est la seule espèce de ce genre d'arbuste australien toujours vert à être cultivé à l'intérieur, bien que le plus grand *C. speciosus* (ci-dessus) trouvera parfois son chemin dans les vastes serres. Les fleurs cylindriques rouge vif en pointe consistent surtout en des étamines et ont donné lieu au nom commun de 'brosse à bouteille'.

Carnivores

La nature recèle de nombreuses plantes étranges et les plantes carnivores en sont un parfait exemple. Par divers moyens, ces plantes réussissent à capter dans leur feuilles des mouches et autres créatures, pour ensuite les digérer et les absorber comme nourriture.

La dionée gobe-mouches ou gobe-mouches de Vénus *Dionaea muscipula* est la plante qui est la plus souvent offerte comme objet de décoration intérieure. Les feuilles de la dionée gobe-mouches sont munies de dents le long de leurs bordures et un mécanisme est activé par chaque insecte qui se pose sur la surface supérieure de la feuille. La feuille se replie sur elle-même et les dents se resserrent autour du prisonnier, rendant sa fuite impossible. On peut aussi nourrir la plante en déposant sur ses feuilles de minuscules morceaux de viande ou de poisson. La plante les digérera de la même façon qu'elle le ferait pour une mouche. La dionée gobe-mouches vit bien dans une atmosphère fermée, humide. Un boîtier de Ward ou une boîte rem-

La dionaea muscipula ou dionée gobe-mouches (ci-haut) est la plus populaire des plantes carnivores. Elle possède des paires de lobes à pentures munis de bordures dentées aux extrémités des feuilles, qui se ferment subitement sur les insectes visiteurs.

PLANTES CARNIVORES

Lumière et position

Les plantes carnivores aiment un endroit ensoleillé, bien qu'elles doivent être tenues loin du soleil direct.

Engrais

Leur donner à l'occasion un fertilisant liquide.

Amplitude thermique

Fraîche Moyenne Chaude

Essayer de garder la température constamment chaude et humide. En hiver, la température ne devrait pas descendre en-deçà de 10° C.

Entretien saisonnier

Hiver Printemps Été Automne

La majorité des plantes carnivores auront besoin de rempotage de temps à autre, au printemps ou tôt en été.

Arrosage

Ces plantes viennent des marécages et devraient être gardées humides. On peut les déposer dans une soucoupe d'eau.

Sol

De la mousse de sphaigne et un mélange de tourbe sont ce qu'il y a de meilleur. Un bon drainage est essentiel.

plie de mousse humide fermée par une plaque de verre sont recommandés. Pour fabriquer une boîte, choisir de la mousse de sphaigne propre et la mouiller avant de faire un lit d'environ 13 cm de profond. Enterrer le pot jusqu'à ras bord dans la mousse, afin que la plante profite le plus possible de l'humidité ambiante. (Il va sans dire que pendant que la plante est dans la boîte, la mousse ne doit pas sécher.) L'atmosphère doit être humide et la température à 18° C et plus.

Les plantes carnivores les plus spectaculaires sont probablement les népenthes, communément appelés plantes pichets. Leurs feuilles vertes à l'aspect de cuir ne sont pas particulièrement attirantes, mais à leurs extrémités croissent des fils auxquels sont attachés des vases en forme de pichets. Dans le fond de ceux-ci on retrouve de la pepsine, un liquide dans lequel se noient les insectes qui y tombent. Le couvercle du pichet permet à la plante de ne pas recevoir d'eau de pluie. Il existe de nombreuses variétés de cette plante et toutes requièrent les mêmes conditions de chaleur et d'humidité.

Dans leur habitat naturel, presque tous les népenthes sont des grimpants naturels. Dans les serres, ils peuvent avoir l'air très exotiques lorsqu'ils sont suspendus en paniers du plafond, de façon à ce que les pichets pendent librement loin de la partie principale de la plante. Ces grandes plantes ne peuvent pas être confinées à une boîte de bouturage, il faut donc chauffer la serre au moins à 18° C.

Népenthes Les plantes pichets offrent une apparence inusitée grâce aux vases qui pendent des extrémités des feuilles. Le N. hookeriana (ci-dessus) montre les pichets spéciaux qui contiennent le liquide dans lequel les insectes se noient et sont digérés.

PLANTES CARNIVORES

Lumière et position

Les plantes carnivores aiment se retrouver dans la lumière du soleil, même si elles doivent être mises à l'écart du soleil direct.

Engrais

Nourrir les plantes à l'occasion avec un fertilisant liquide.

Amplitude thermique

Fraîche Moyenne Chaude

Essayer de garder la température chaude et humide en tout temps. En hiver, la température ne devrait pas descendre sous 10° C.

Entretien saisonnier

Hiver Printemps Été Automne

La majorité des plantes carnivores auront besoin de rempotage de temps à autre, au printemps ou tôt en été.

Arrosage

Elles viennent de terrains marécageux et doivent être conservées humides. On peut les placer dans une soucoupe d'eau.

Sol

De la mousse de sphaigne fraîche et un mélange de tourbe sont idéals. Un bon drainage est essentiel.

Clérodendron

La seule espèce du genre *Clerodendron* cultivée comme plante d'intérieur est le *Clerodendron thomsoniae* aux feuilles vert moyen; les grappes de bractées fleuries sont rouge vif et blanches.

Lorsqu'il est adossé à un mur, le *clerodendron thomsoniae* est à son avantage. Mais même si les tiges sont solides et ligneuses, la plante n'est pas une grimpante naturelle et requiert un tuteur. La hauteur peut atteindre 2,5 m, mais cette plante vigoureuse supporte l'émondage.

Les plantes nécessitent une température minimale de 16° C et de l'éclairage, mais pas de soleil. Les boutures se prennent après la floraison d'automne. Elles doivent mesurer 15 cm de long avec deux paires de feuilles. Une atmosphère fermée et humide est nécessaire pour développer les racines de ce sujet difficile.

CLÉRODENDRON

Lumière et position

Ces plantes ne fleuriront pas sans lumière vive. Cependant, éviter le soleil direct à travers une fenêtre.

Engrais

Donner une faible dose de fertilisant liquide une fois toutes les deux semaines.

Amplitude thermique

Fraîche Moyenne Chaude

Durant la période de croissance, ces plantes peuvent être tenues à la température de la pièce; en hiver, elles ont besoin d'une température plus fraîche, de 10° à 13° C.

Entretien saisonnier

Hiver Printemps Été Automne

Bouturer au printemps et après quatre mois, déplacer la plante dans un mélange de terre. Rabattre la plante de la moitié pour l'hiver.

Arrosage

Bien arroser durant la période de croissance et garder le sol humide. La plante ne doit jamais être laissée dans l'eau.

Sol

Un sol à base de terre grasse est nécessaire pour les grandes plantes; un mélange de tourbe est requis pour les petites.

Le clerodendron thomsoniae (ci-dessous) est un agréable buisson qui demande à être émondé vigoureusement ou une plante grimpante qui nécessite un tuteur. Les jolies fleurs (détail à droite) apparaissent au printemps et contrastent bien avec les feuilles vertes.

EUPHORBIACÉES

Codiaeum

Croton
Manteau de Joseph

LES FEUILLES DE CROTON ont des formes variées allant de très larges à très fines, et de rondes à pointues; presque toutes sont dotées de couleurs spectaculaires où prédominent le rouge, l'orangé et le jaune, rehaussées par un arrière-plan vert pâle.

Les plantes sont normalement vendues dans des pots de 15 cm, mais peuvent atteindre une hauteur de 2,4 m avec une envergure de 1,2 à 1,5 m si elles sont bien entretenues. Pour atteindre ce développement exceptionnel, les plantes doivent grandir dans une serre chauffée à 21° C. À l'intérieur, ces plantes auront une taille plus modeste et seront plus difficiles à cultiver. Ce sont des plantes à feuilles que le débutant devrait éviter.

Les tétranyques trouvent le croton particulièrement comestible et on les dénichera souvent sur le dessous des feuilles et autour des pousses tendres en haut de la plante.

CODIAEUM

Lumière et position

Le codiaeum demande une bonne lumière et beaucoup de soleil pour garder la beauté de ses feuilles multicolores.

Engrais

Un fertilisant liquide peut être appliqué dans le sol, mais ne jamais employer un fertilisant pour le feuillage.

Amplitude thermique

Fraîche Moyenne Chaude

La chaleur et l'humidité sont essentielles à cette plante et la température la plus basse à laquelle la maintenir devrait être 15° C, mais plus de chaleur est préférable.

Entretien saisonnier

Hiver Printemps Été Automne

La plante demande beaucoup d'attention toute l'année et aura besoin de plus d'eau pour améliorer sa santé en période de croissance. En hiver, il faut diminuer l'apport en eau. En tout temps, l'arrosage excessif pourra susciter des maladies qui endommageront les feuilles.

Arrosage

Le codiaeum demande beaucoup d'eau en été et un arrosage normal durant l'hiver. Ne pas vaporiser les feuilles.

Sol

Faire pousser les plantes dans un sol à base de terre grasse.

Les feuilles de codiaeum se présentent en plusieurs formes et couleurs. Celles du *C.* 'Madame Iceton' (en haut à gauche) sont ovales, rouges et vertes; celles du *C. holufiana* (ci-haut) sont allongées et plus jaunes. Les feuilles illustrées plus bas montrent des spécimens variés. **1**. *C. craigi*, **2**. *C. 'Eugene Drapps'* et **3**. *C. reidii.*

Plante poisson rouge

Columnea

CES MAGNIFIQUES PLANTES fleuries ne jouissent pas de l'attention qu'elles méritent, peut-être parce qu'on croit, à tort, qu'elles sont trop fragiles pour la culture d'intérieur. Mais le *Columnea banksii*, une espèce établie depuis longtemps et populaire depuis plusieurs années, croît sans trop de difficulté. Aucun insecte nuisible n'affecte cette plante qui est populaire depuis l'ère victorienne.

Le *Columnea banksii* est muni de feuilles ovales et charnues, de couleur vert foncé, attachées à une tige tombante souple lorsque jeune et devenant plus ferme avec l'âge. Les fleurs retombant en cascade ont une riche nuance d'orangé et couvriront complètement la plante si elle se développe bien. Les boutures des extrémités des tiges prendront racine sans difficulté. Pour un plus bel effet, mettre trois ou quatre boutures dans chaque panier suspendu.

Les tiges molles et pendulaires du *C. gloriosa* sont délicates et la plante est en général plus tendre que le *C. banksii*. Les petites feuilles oblongues sont couvertes de duvet rouge. Les fleurs rouge vif ont une gorge jaune. Elles éclosent généralement au début de l'été, et sans raison apparente, refleurissent plus tard dans l'année. Puisque le *C. gloriosa* est légèrement plus tendre, la température ne devrait pas baisser sous les 18° C. Il existe aussi une très jolie forme versicolore. Peu fleurie, elle est cultivée presque entièrement pour son feuillage blanc et vert.

Avec ses minuscules feuilles vert pâle, attachées aux tiges pendulaires, le *C. microphylla* est le plus spectaculaire de tous les columneas. Il peut atteindre 1,8 m de longueur. Lorsque la plante est en fleur, à la mi-été, elle présente une magnifique cascade dorée, la partie extérieure de la fleur étant orangée et l'intérieur jaune.

Les columneas sont de jolies plantes fleuries tombantes. *C. banksii* (à droite) produit une cascade de fleurs d'un riche orangé sur un arrière-plan de feuilles en couple poussant sur des tiges rampantes. Les fleurs ouvertes sur la plante (détail ci-dessous) lui ont donné le nom commun de plante poisson rouge, parce qu'elles ressemblent à la bouche ouverte d'un poisson.

COLUMNEA

Lumière et position

Le columnea nécessite une bonne lumière pour stimuler la floraison, mais doit être protégé du soleil direct.

Engrais

Les plantes adultes doivent être nourries une fois par semaine en été et une fois par mois en hiver.

Amplitude thermique

Fraîche Moyenne Chaude

Peu de plantes bénéficient de grands écarts de température variant entre la chaleur excessive et le froid. Le columnea s'accommode d'une variation allant de 15° à 21° C.

Entretien saisonnier

Hiver Printemps Été Automne

Le columnea est très facile à entretenir. Le feuillage peut être taillé en autant que la plante ne soit pas en période de floraison, mais ce n'est pas essentiel à sa santé. L'automne est la période de taille idéale alors qu'on enlève les pousses mortes. Éviter un arrosage trop abondant.

Arrosage

Arroser la plante régulièrement en été pendant la période de croissance et diminuer en hiver.

Sol

Les boutures dans un panier suspendu, requièrent un mélange de terre grasse.

Crossandra

Le crossandra infundibuliformis (ci-dessus) est la seule espèce de ce genre cultivée comme plante d'intérieur. Cette plante en forme d'arbuste et aux feuilles luisantes tend à devenir éparse en poussant. Le cultivar '*Mona Walhed*' (gauche) arbore de jolies bractées fleuries.

LE CROSSANDRA *infundibuliformis* est le seul crossandra cultivé à l'intérieur. Il est généralement vendu en petite plante compacte, dont les bractées orangées viennent tout juste de s'épanouir sur des feuilles vertes et luisantes. Il atteindra un jour 1,8 m en tiges éparses, beaucoup moins jolies. On les coupe afin de conserver leur beauté, mais lorsque la plante aura poussé suffisamment pour avoir l'air dégarnie, elle ne retrouvera jamais son apparence première. La meilleure solution consiste à prendre des boutures sur les pousses aux extrémités et recommencer. Donner de la lumière mais pas de soleil direct.

CROSSANDRA

Lumière et position

En période de croissance, la plante requiert beaucoup de lumière. La lumière directe du soleil convient dans les mois plus froids.

Amplitude thermique

Fraîche Moyenne Chaude

Ces plantes sont à leur meilleur dans une température chaude qui ne devrait pas descendre sous 19° C en période de croissance et sous 13° C en hiver.

Arrosage

Arroser modérément pendant la période de croissance et juste ce qu'il faut pour garder le sol humide en hiver.

Engrais

Pendant la croissance, appliquer un fertilisant aux quinze jours.

Entretien saisonnier

Hiver Printemps Été Automne

Rempoter seulement si nécessaire, tôt au printemps, avant la floraison.

Sol

Utiliser une tourbe riche qui se draine facilement.

Cypérus (Souchet)

Le souchet produit des bractées en forme de feuilles et des fleurs ressemblant à du gazon qui surmontent des tiges minces et étroites. Il s'épanouit dans l'humidité propre à un environnement marécageux. Il est parfait pour quiconque a la main lourde avec l'arrosoir car le pot peut reposer dans l'eau.

Le *cyperus alternifolius* possède de minces feuilles vertes à la hauteur du pot et produit de longues tiges fleuries, dont les feuilles secondaires s'épanouissent en forme de parapluie, d'où le nom commun donné à cette espèce. La plante peut atteindre une hauteur de 3 m si la croissance se fait dans un pot de 25 cm de diamètre.

Le souchet est une plante ressemblant à de l'herbe et qui s'épanouit avec un bon arrosage. Les longues tiges du *C. alternifolius* (à droite) sont courronnées par des bractées en forme de feuilles (ci-dessus).

Le *cyperus diffusus* (parfois appelé *C. albostriatus*) pousse mieux quand l'espace est limité. Il atteint une hauteur maximale de 91 cm-1,2 m et donne un plus grand nombre de tiges par pot. Les têtes produisent jusqu'à 24 bractées; les fleurs sont brun pâle. Les plantes poussent directement des semences ou de masses pouvant être divisées n'importe quand. Les fleurs auxquelles on aura laissé un bout de tige peuvent être bouturées avec de la tourbe.

Souchet parapluie

SOUCHET

Lumière et position

Le souchet parapluie peut s'épanouir aussi bien dans la lumière directe du soleil que dans l'ombre légère.

Engrais

Parce que la plante est dans l'eau, le meilleur moyen de la nourrir est de pousser dans le sol des pastilles de fertilisant.

Amplitude thermique

Fraîche Moyenne Chaude

Le souchet parapluie endurera des températures de 10°-21° C en autant qu'il n'y a pas de fluctuations extrêmes. En hiver, la température ne devrait pas baisser sous 10° C.

Entretien saisonnier

Hiver Printemps Été Automne

La source d'eau doit être maintenue toute l'année car les racines doivent en être saturées. Si l'environnement est sec et chauffé, le niveau d'eau devra être vérifié régulièrement. Les plantes peuvent être bouturées par division au printemps.

Arrosage

La plante parapluie est aquatique et doit être placée dans un contenant d'eau peu profond.

Sol

Le sol doit contenir une forte proportion de terre grasse pour éviter qu'il se désintègre dans l'eau. Des morceaux de charbon peuvent être ajoutés au sol pour le garder frais.

Jonc muet

Dieffenbachia

Les dieffenbachias sont de jolies plantes feuillues versicolores. Elles poussent lentement en groupe compact. Un certain nombre d'espèces sont disponibles avec des feuilles aux motifs variés allant de marbré comme le *D. exotica* (en haut) à un blanc crème bordé de vert comme le *D. camilla* (en haut à droite).

UNE COLLECTION de plantes tropicales serait incomplète sans au moins un dieffenbachia. La couleur des feuilles va du vert très foncé au blanc presque pur en passant par des motifs aux très belles marbrures.

Certains dieffenbachias majestueux peuvent atteindre une hauteur de 1,8 m. Le plus splendide est probablement le *D. amoena* 'Neige des tropiques' avec ses grandes feuilles vert foncé et ses magnifiques marbrures alternées de vert et de blanc. Le *D. amoena* est d'apparence similaire mais ses feuilles sont un peu plus douces et les marbrures au centre des feuilles ne sont pas aussi frappantes.

Les plantes plus compactes, idéales pour le rebord des fenêtres, se sont beaucoup améliorées avec les années, en particulier les variétés de *D. exotica*. La plus récente est le *D. camilla* à la bordure verte et au centre entièrement blanc crème. Par contraste, le *D. oerstedii* possède des feuilles vert noir partout, à l'exception de la rainure centrale de la feuille, d'une belle nuance de blanc ivoire.

DIEFFENBACHIA

Lumière et position

Placer le dieffenbachia dans un environnement suffisamment éclairé, mais à l'abri du soleil direct.

Amplitude thermique

Fraîche Moyenne Chaude

Un dieffenbachia survivra à 15° C mais préfère probablement une température plus près de 21° C. Si la température est plus élevée, il est important de conserver un bon degré d'humidité.

Arrosage

L'humidité est nécessaire toute l'année, mais la plante sera moins arrosée en hiver qu'en été.

Engrais

Lorsque le dieffenbacchia produit ses nouvelles feuilles, le nourrir à chaque arrosage d'un faible fertilisant liquide.

Entretien saisonnier

Hiver Printemps Été Automne

Le bouturage se fait bien à partir des tiges coupées, placées dans la tourbe et le sable, et gardées humides à une température de 21°-23° C.

Sol

Rempoter en été en utilisant un mélange contenant de la terre grasse et de la tourbe.

Dizygotheca

CE GENRE comprend des plantes tropicales à l'aspect fragile pouvant atteindre 1,5-1,8 m de hauteur et 51 cm de largeur.

Le *dizygotheca elegantissima* (connu aussi comme l'*Aralia elegantissima*) est une plante très allongée. Les feuilles des plantes plus vieilles sont presque noires, alors qu'elles sont rouge cuivre dans leur jeunesse. Très allongées et délicates, elles ont presque une apparence de filigrane. Cependant, en vieillissant, les feuilles changent graduellement de couleur et deviennent plus rudes. Les feuilles plus vieilles ressemblent à des palmes aux pétioles rigides attachées à une tige ligneuse solide. Généralement, la plante forme une jolie voûte de feuillage.

Elle n'est pas la plus facile à entretenir, mais si on s'en occupe bien, elle peut être des plus attrayantes. C'est une excellente plante à utiliser pour un regroupement.

Le *Dizygotheca elegantissima* requiert une ombre légère et une température d'environ 18° C. Éviter que le sol demeure détrempé pendant longtemps. Les dizygothecas grandissent lentement et doivent être rempotés une fois aux deux ans.

DIZYGOTHECA

Lumière et position

Ces plantes aiment une abondance de lumière vive, mais elles ne doivent pas être exposées au soleil trop fort.

Engrais

Nourrir seulement au printemps et en été. Appliquer un fertilisant liquide aux deux semaines en période de croissance.

Amplitude thermique

Fraîche Moyenne Chaude

L'hiver peut être critique car ces plantes détestent le froid. Une température minimale de 18° C doit être visée. Des températures basses et fluctuantes peuvent causer d'importants dommages.

Entretien saisonnier

Hiver Printemps Été Automne

Puisque ces plantes croissent lentement, un rempotage fréquent n'est pas requis. Le printemps est la meilleure période pour rempoter et puisque la plante pousse en hauteur, plusieurs spécimens peuvent être plantés dans le même pot.

Arrosage

Arroser légèrement et avec soin en hiver. Laisser le haut du sol sécher avant d'arroser à nouveau.

Sol

Utiliser un mélange riche pour le rempotage. Ajouter sur le dessus, 2 cm de mélange tous les printemps.

Les dizygothecas ont un aspect fragile et produisent des feuilles secondaires rayonnantes . Le *D. elegantissima* (en haut) illustre les caractéristiques d'une plante saine au vert très foncé. Cette espèce possède des feuilles aux bordures très dentelées, donnant aux feuilles (détail ci-haut) une apparence de quasi-filigrane. Les plantes se développent lentement et nécessitent un entretien poussé.

Dragonnier

LE *DRACAENA TERMINALIS* est un des plus jolis dragonniers et nulle autre plante feuillue ne peut égaler sa couleur rouge vif.

Le *D. marginata* est probablement le dracaena le plus facile à entretenir. Il pousse droit et ses feuilles sont vert foncé avec une bordure rouge terne. Les tiges rigides peuvent atteindre 3 m, mais elles peuvent être taillées n'importe quand.

Le *dracaena deremensis* pousse droit également, mais ses feuilles versicolores sont larges, vert foncé et blanc fade, s'enroulant autour des tiges rigides et droites qui peuvent atteindre une hauteur d'environ 3 m. Cette jolie plante est d'entretien facile dans un lieu qui offre une chaleur et une lumière raisonnables. Les cultivars sont nombreux. Un des meilleurs est le *Dracaena deremensis* 'Souvenir de Schriever', dont les feuilles sont d'un riche jaune or, nuancé de vert pâle.

Le *D. fragrans*, aux larges feuilles recourbées de couleur moutarde, est une plante hardie qui produit des rosettes luisantes joliment placées contre le feuillage inférieur à la teinte plus fade. Les nombreux cultivars de cette plante offrent un feuillage de couleurs variées, du blanc crème au jaune vif.

DRAGONNIER

Lumière et position

Tous les dragonniers ont besoin d'un bon éclairage mais éviter un soleil trop vif. Les protéger des courants d'air.

Engrais

Un fertilisant devrait être donné à la plante pendant la croissance. Ne pas utiliser de la nourriture à feuillage.

Amplitude thermique

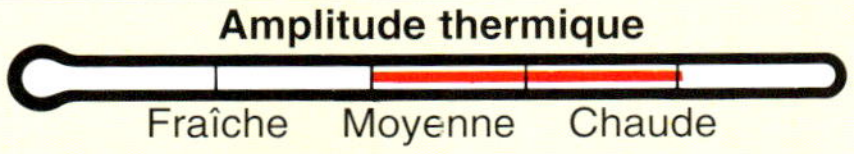

La température idéale se situe entre 15° et 21° C. Les plantes nécessitent de l'humidité, il faut donc déposer les pots sur des cailloux humides ou de la mousse.

Entretien saisonnier

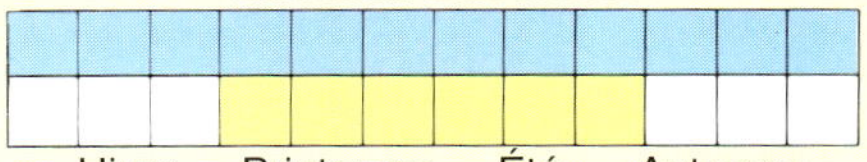

Pendant la croissance d'été, l'eau est l'élément le plus important. Plusieurs plantes devenant très hautes nécessiteront une coupe, ce qui peut être fait n'importe quand. Les boutures peuvent servir à préparer de nouvelles plantes.

Arrosage

La plante exige beaucoup d'eau, surtout pendant la période de croissance. En hiver, garder le sol plutôt sec.

Sol

Utiliser un mélange à base de terre grasse et rempoter les plantes en été.

Les dragonniers sont un groupe vaste et varié de plantes en forme de palmiers. Le *D. marginata* (à gauche) est une des espèces les plus droites avec une fontaine d'étroites feuilles vertes en forme d'arc et au pourtour crème et rouge. Le *D. terminalis* (en bas) a une apparence contrastante avec des feuilles plus larges. Les jeunes plantes de cette espèce ont des feuilles vertes, qui tournent au rouge brillant lorsqu'elles atteignent la maturité.

Episcia

LES EPISCIAS SONT d'excellentes plantes fleuries et feuillues. Les feuilles sont ovales et duveteuses; les fleurs sont brillamment colorées et délicates. Les episcias sont appelés communément plantes tapis parce qu'ils se traînent et rampent.

L'*Episcia cupreata* est une plante superbe qui devient rampante avec l'âge. Les feuilles sont de toutes les nuances d'argent et de vert pâle et les petites fleurs sont d'un rouge intense. Cette combinaison est très attirante lorsque les plantes se sont développées en larges bouquets, dans des paniers suspendus. Cette plante est sensible au froid et requiert un minimum de 18° C.

L'*Episcia dianthiflora* est plus facile à cultiver. Des feuilles vert pâle, se formant en rosettes, sont attachées à des branches pendiculaires poussant rapidement. Le tout est rehaussé par des fleurs blanches radieuses qui apparaissent parmi le feuillage. La plante est communément appelée fleur flocon de neige à cause de ses fleurs tubulaires joliment fendillées autour de leur bordures. Idéales pour être suspendues, ces plantes poussent et se multiplient facilement.

Les episcias sont cultivés à la fois pour leur joli feuillage rampant et pour leurs petites fleurs, souvent brillamment colorées. L'*E. dianthiflora* (ci-contre) est l'espèce la plus facile à entretenir, récompensant le jardinier avec de délicates fleurs blanches aux bordures joliment fendillées (ci-dessus).

EPISCIA

Lumière et position

Une lumière vive est requise, avec quelques heures d'ensoleillement direct si l'humidité n'est pas trop forte.

Engrais

Ajouter du fertilisant liquide à chaque arrosage. Éviter d'en donner durant l'hiver.

Amplitude thermique

Fraîche Moyenne Chaude

Ces plantes réussissent le mieux à des températures se situant entre 16°C et 29° C. Elles ont besoin d'une haute humidité et s'épanouissent très bien dans des terrariums.

Entretien saisonnier

Hiver Printemps Été Automne

Le rempotage fréquent n'est pas nécessaire. Rempoter seulement lorsque les racines semblent remplir le pot.

Arrosage

L'eau est nécessaire durant la période de croissance, mais la plante ne doit jamais être immergée. En hiver, arroser peu.

Sol

Employer un mélange riche en tourbe avec un peu de terre grasse.

Fougères

LES FOUGÈRES proviennent de plusieurs familles de plantes et de genres. Toutes les fougères ne sont pas faciles à cultiver à l'intérieur, mais il ne fait pas de doute que leur vert doux les rend presque indispensables.

Le système racinaire des fougères est relativement faible et peut être endommagé par un fertilisant donné à trop forte dose. Il faut donc les nourrir d'un fertilisant faible à chaque arrosage. Une autre façon de les nourrir est d'employer un fertilisant pour les feuilles.

À l'achat, on voit souvent des fougères plantées dans des pots trop petits; ceci résulte de leur croissance rapide dans une serre chauffée. Vérifier la fougère à l'achat et la rempoter immédiatement si nécessaire. Utiliser un mélange humide de tourbe qui permet aux racines de remuer sans contrainte.

Puisque les feuilles de plusieurs fougères sont délicates et peuvent facilement être endommagées par les insecticides, il ne faut jamais essayer de nettoyer le feuillage par tout autre moyen que la vaporisation à l'eau tiède. Pour un bon nettoyage du printemps, inverser le pot, maintenir une main sur la terre, plonger la plante dans l'eau et la faire tourner délicatement pour la débarrasser de la poussière.

Adianthe

LA FOUGÈRE la plus populaire est probablement l'adianthe, ou cheveux de jeune fille, disponible en plusieurs variétés. Ces plantes produisent de jolies touffes de verdure. Les feuilles triangulaires sont fines et attachées à des tiges raides, de couleur noire.

Cyrtomium

CE GENRE comprend le *Cyrtomium falcatum* dont le feuillage d'un vert luisant ressemble à celui du houx, à un point tel que la plante est connue sous le nom de fougère houx. Le *Cyrtomium falcatum* est une plante très résistante qui se développera bien dans une chaleur raisonnablement humide et à l'ombre qui la protège du soleil trop direct. Cette fougère sera bien utilisée comme supplément dans des pots dont les plantes ont perdu la plupart de leur feuillage inférieur.

Le feuillage en forme de plumes de l'adianthe (ci-haut) et sa solidité en font une plante d'intérieur appréciée.
La fougère nid d'oiseau (à droite) est une autre plante facile d'entretien dont les frondes luisantes poussent vers le haut.

Nephrolepsis

CE SONT de très bonnes fougères pour la décoration d'une maison ou d'un bureau. Les plantes produisent de fortes touffes de verdure et sont à leur avantage lorsqu'elles poussent dans des paniers suspendus. Selon la grosseur du contenant, les frondes varieront en longueur de 25 cm à environ 76 cm. Les diverses formes de la *Nephrolepsis exaltata* sont particulièrement appropriées lorsque des arrangements plus audacieux sont souhaités.

Platycerium

LE NOM commun de la *Platycerium alcicorne* est la fougère panache. La plante produit des frondes principales ressemblant aux cornes d'un boeuf et des frondes appelées ancres. À l'état sauvage, ces ancres entourent les arbres de façon à supporter la plante. À l'intérieur, les plantes se développeront de façon plus naturelle si de la mousse de sphaigne est enroulée autour de la balle de racines et que la plante est fixée à un morceau d'écorce de liège. Arroser en immergeant le tout jusqu'à complète hydratation.

Les illustrations de cette page montrent les grandes variétés de fougères existant. La pellaea (haut) est fournie, avec des frondes de pinnae comme des boutons. La cyrtomium (milieu) possède des frondes ressemblant à du houx et peut, de façon surprenante, supporter le froid et les courants d'air. La platycerium (bas) est la plus particulière des fougères. Connue sous le nom de fougère panache, elle produit de grandes frondes en forme d'ancres, desquelles émergent des frondes principales produisant des spores en forme de cornes de boeuf.

La pteris (ci-dessus) possède plusieurs espèces qui, toutes, présentent des frondes compliquées comme des dentelles. On voit ici la *P. cretica albolineata* aux séduisantes frondes versicolores.

La nephrolepsis (ci-contre) a des frondes longues et élégantes en bouquets denses. À cause de leur style de croissance, ces plantes sont particulièrement belles pour un usage décoratif.

FOUGÈRES

Lumière et position

La plupart des fougères préfèrent un endroit ombragé, car elles se détérioreront vite à la lumière vive du soleil.

Engrais

Nourrir les plantes avec un fertilisant liquide faible à chaque arrosage pendant qu'elles sont actives.

Amplitude thermique

En général, les fougères au feuillage délicat préfèrent des conditions intermédiaires de 13°-18°C. Les fougères au feuillage plus fort nécessitent davantage de chaleur, soit 15°-21° C.

Entretien saisonnier

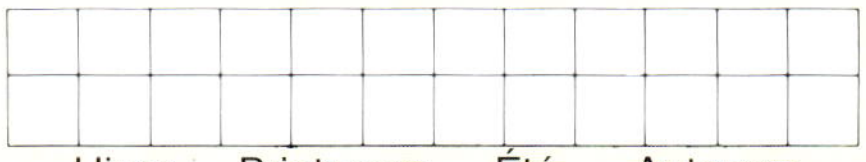

Les plantes doivent rester humides toute l'année. Il faut aussi s'assurer que les racines ne sèchent pas. Un bon nettoyage du centre de chaque plante en automne réduira les problèmes de pourrissement des feuilles.

Arrosage

Les fougères apprécient l'humidité sur leur feuillage et peuvent être vaporisées généreusement.

Sol

Un mélange aéré de tourbe est essentiel au bien-être de tous les types de fougères. Les contenants doivent être bien drainés.

Ficus (Figuier)

Ce genre comprend plus de 800 espèces. Un certain nombre sont cultivés à l'intérieur où ils sont appréciés pour leur feuillage toujours vert. La plante d'intérieur probablement la plus connue dans ce genre est la plante caoutchouc, mais il y a beaucoup d'autres espèces moins connues qui ne sont pas plus difficiles à cultiver.

Les figuiers nécessitent un bon éclairage (bien que l'on doit les protéger du soleil direct) et un arrosage copieux. Toujours verser suffisamment d'eau à la surface de la terre pour voir le surplus se drainer par les orifices du pot. Laisser le sol sécher raisonnablement avant d'arroser à nouveau. La période de séchage permettra au sol de s'aérer, ce qui maintiendra les racines en meilleure condition.

Le figuier a un système racinaire solide et devrait être nourri avec un bon fertilisant dès son acquisition. Arroser immédiatement après l'avoir acheté et dépoter pour vérifier le développement des racines. Si la masse des racines est serrée, il faut rempoter sans tarder en utilisant un mélange à base de terre grasse.

Tous les figuiers dont les feuilles sont naturellement luisantes auront avantage à être nettoyés périodiquement avec une éponge mouillée. Les nettoyants chimiques pour les feuilles les rendront brillantes, mais leur usage excessif endommagera la plante.

Les insectes nuisibles ne présentent pas un grand problème, bien que certaines espèces de figuiers soient sensibles aux coccidés. Ils peuvent être éliminés en se servant d'un insecticide ou en lavant la plante avec une éponge solide. En nettoyant la plante à l'éponge, appliquer une certaine pression pour déloger les coccidés de leur ancrage.

Le *Ficus benjamina*, appelé couramment figuier pleureur, est un des meilleurs figuiers pour la croissance à l'intérieur. Les feuilles sont luisantes et amassées sur des branches pendulaires. Le *Ficus benjamina* 'Hawaï' est un hybride du *Ficus benjamina*. Il a fière allure avec son feuillage versicolore vif, qui pleure de façon spectaculaire chez les plantes adultes. Même s'il a l'habitude de moins pleurer, la variété *F. benjamina* 'Princesse dorée' est aussi une belle plante plus droite au feuillage un peu moins coloré.

Le *F. lyrata*, dont le nom commun bien nommé est figuier feuille de violon, à cause de la forme de ses grandes feuilles vertes, est une plante aux feuilles luisantes qui est à son meilleur lorsqu'il a assez d'espace pour étendre ses branches. Les feuilles ont des veines jaunes proéminentes et sont attachées à une tige ligneuse brune, qui parviendra à la hauteur de 3 m lorsque les racines seront confinées à leur pot.

Le figuier rampant *F. pumila* est orné de petites feuilles rondes vert foncé attachées à des tiges en fil de fer qui grimpent ou rampent. Même si les feuilles sont petites, c'est une bonne plante à faire grimper sur un treillis.

FICUS (FIGUIER)

Lumière et position

La plupart des variétés de ficus demandent une bonne lumière et doivent être protégés du soleil direct.

Engrais

Un fertilisant liquide pourra être ajouté à l'eau d'arrosage à quelques jours d'intervalle durant la période de croissance.

Amplitude thermique

Fraîche — Moyenne — Chaude

La température maximale pour toutes ces plantes est de 23° C et la température minimale se situe à 15°-21° C.

Entretien saisonnier

Hiver — Printemps — Été — Automne

Le rempotage peut être fait annuellement au printemps. Les plantes adultes pourront bénéficier du remplacement de la terre de surface. Émonder la plante au printemps et saupoudrer les blessures avec du charbon pour éviter l'écoulement de la sève.

Arrosage

Arroser deux fois la semaine en été et une fois la semaine en hiver. Ne jamais laisser la plante baigner dans l'eau.

Sol

Les grandes plantes nécessitent des mélanges à base de terre grasse. Rempoter lorsqu'elles ont une balle de racines solide.

Le ficus est un genre qui comprend un grand nombre de plantes et d'arbres. Le *F. benjamina* (en haut à gauche) est un arbre grand et gracieux. Le *F. elastica 'Doescheri'* (en bas à gauche) est une variété de la plante caoutchouc. Le *F. pumilia* (ci-haut) est petit et rampant.

FICUS BENJAMINA

Lumière et position

Les plantes nécessitent un bon éclairage. Les feuilles jaunissent et tombent si la lumière est insuffisante.

Engrais

Nourrir abondamment en été et donner un peu de fertilisant en hiver aux plantes qui produisent de nouvelles pousses.

Amplitude thermique

Fraîche Moyenne Chaude

Garder les plantes entre 18° et 21° C. Ne pas laisser la température monter au-dessus de 24° C.

Entretien saisonnier

Hiver Printemps Été Automne

Les plantes bénéficieront d'une vaporisation quotidienne toute l'année. Émonder au printemps; les plantes adultes n'ont pas besoin d'être rempotées, mais le dessus de la terre devrait être changé. Bouturer à partir de tiges coupées au printemps.

Arrosage

Ne pas arroser abondamment. Arroser aux sept à dix jours en hiver et une ou deux fois par semaine en été.

Sol

Rempoter dans un mélange de terre grasse.

Le ficus benjamina 'Princesse dorée' (à gauche) est une variété moins pleureuse que le *F. benjamina*, agrémentée d'un feuillage attrayant et versicolore. Le nom commun du *F. lyrata* (ci-haut) est le figuier à feuille de violon, ce qui s'explique facilement quand on regarde la forme de ses feuilles (détail ci-dessous).

Fittonia

LES FITTONIAS sont des plantes rampantes indigènes des forêts tropicales humides. Les feuilles sont petites, ovales, aux fines veines colorées. De délicates fleurs jaunes éclosent, mais rarement à l'intérieur.

Dans un bon centre horticole on trouvera probablement au moins trois espèces, toutes compactes et poussant sans se répandre; elles peuvent constituer un problème à l'intérieur si la température est inadéquate, car il faut absolument 18° C et plus. Les racines seront gardées humides mais pas mouillées.

Les feuilles du *F. verschaffeltii*, minces comme du papier, ont une couleur de base vert olive et sont sillonnées de minuscules veines rouges qui les rendent absolument ravissantes. L'ombre, l'humidité et un fertilisant faible sont nécessaires. Pour le rempotage, utiliser un sol de tourbe et des pots peu profonds.

Les habitudes et les besoins du *F. verschaffeltii* sont valides pour le *F. argyroneura*, aux jolies feuilles veinées d'argent. Le *F. argyroneura Nana*, plus populaire en raison de sa culture plus facile, est une jolie plante à cultiver en bouteille dans un environnement humide. Il aura des problèmes en hiver si la température est trop basse, mais il se bouture très rapidement et les insectes nuisibles ne l'attaquent pas.

Les fittonias sont des plantes à petit feuillage. Les minces feuilles vertes du *F. verschaffeltii* (ci-haut) semblent avoir un filet rouge tissé sur elles, puisque leurs veines sont rouges. Les feuilles du *F. argyroneura* (à droite) sont veinées d'argent, mais mis à part ceci, les deux espèces sont très semblables en terme d'apparence et de besoins.

Cette plante (ci-haut) illustre la croissance basse et rampante typique de tous les fittonias. À cause de cette croissance rampante, les fittonias sont à leur meilleur dans un jardin en bouteille en compagnie de plantes plus grandes.

FITTONIA

Lumière et position

Cette plante aime l'ombre. Même si elle pousse dans un éclairage raisonnable, elle ne peut tolérer le soleil direct.

Engrais

Un fertilisant liquide faible avec chaque arrosage gardera la plante en bonne condition. Cesser l'alimentation en hiver.

Amplitude thermique

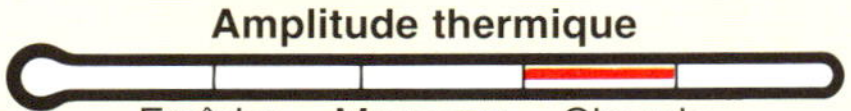

Le fittonia a besoin de température chaude, soit un minimum de 18° C. Il s'adaptera à une température estivale plus forte, mais il est alors vital de garder un haut degré d'humidité.

Entretien saisonnier

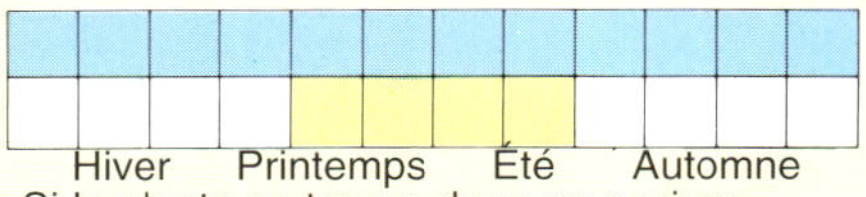

Si la plante se trouve dans un environnement naturellement sec, créer de l'humidité en plaçant le pot dans un plateau de cailloux mouillés et humidifier le fittonia avec un vaporisateur. Les extrémités des tiges peuvent être coupées au printemps et bouturées à une température de 23° C.

Arrosage

Le sol doit être humide en tout temps, bien que le fittonia demandera moins d'eau en hiver lorsqu'il est inactif.

Sol

Employer un mélange comprenant une bonne proportion de tourbe et rempoter durant l'été.

Heptapleurum

Plante parasol
Rayons verts

BIEN QUE LES HEPTAPLEURUMS sont utilisés comme plantes d'intérieur depuis seulement une décennie, il existe maintenant plusieurs variations de l'original *H. arboricola*. Les plantes poussent à la hauteur de 1,8 m et peuvent devenir touffues si on les y encourage. Au moins sept petites feuilles irradient à l'extrémité de chaque pétiole. Les heptapleurums ressemblent au scheffleras et sont souvent vendus sous ce nom.

L'*H. arboricola variegata* est orné de feuilles jaune brillant parsemées de vert et pousse en bosquet arrondi si les nouvelles tiges sont enlevées périodiquement. L'*H. arboricola 'Capello'* pousse plus droit et possède des feuilles crème pâle et vertes.

Il y a aussi des variations dans le vert pur de l'*H. arboricola* avec ses jolies feuilles rondes. L'*H. a. 'Geisha'* possède des tiges vertes minces et des feuilles vert foncé luisantes. L'*H. a.* 'Hong Kong', plus compact, arbore des feuilles vert luisant.

L'heptapleurum se cultive bien par bouturage. De nouvelles plantes peuvent aussi être cultivées à partir de feuilles attachées à un bout de tige.

L'heptapleurum est relativement récent dans la culture d'intérieur. Le grand *H. arboricola* ou plante parasol (à droite) est l'espèce originale, avec ses feuilles vert luisant. L'*H. arboricola variegata* (en haut) est plus touffu, avec des feuilles jaunes tachetées de vert.

HEPTAPLEURUM

Lumière et position

Ces plantes requièrent un bon éclairage, au moins pendant trois heures chaque jour. Éviter les rayons directs du soleil.

Engrais

Nourrir seulement lorsque les plantes sont bien enracinées dans leur pot. Un fertilisant standard peut être employé.

Amplitude thermique

Fraîche — Moyenne — Chaude

Les heptapleurums demandent une température minimale de 15° C toute l'année et un maximum de 21° C. Ils aiment aussi un environnement moite et humide.

Entretien saisonnier

Hiver — Printemps — Été — Automne

Au printemps, rempoter dans des pots plus larges de 5 cm. Continuer à rempoter durant la période de croissance, si requis. On peut bouturer au printemps à partir des extrémités ou des tiges coupées.

Arrosage

Arroser modérément. Laisser sécher 3 cm de terre sur le dessus avant d'arroser à nouveau.

Sol

Planter les boutures dans un mélange de tourbe humide et de gros sable.

Hibiscus

L'hibiscus est une plante fleurie dont les énormes fleurs en forme de trompettes arborent des étamines en saillie. L'*H. rosa-sinensis* (ci-dessus) est la principale espèce cultivée à l'intérieur. Les cultivars ont été développés avec des fleurs simples ou doubles, dans un large choix de couleurs brillantes, comme les plantes montrée ci-haut. Chaque fleur ne dure qu'une journée, mais de nouveaux boutons apparaissent continuellement durant la période de floraison.

Les hibiscus sont cultivés pour leurs fleurs aux couleurs vives en forme d'entonnoir. Elles existent en plusieurs couleurs et sont simples ou doubles. Les fleurs individuelles ne durent guère plus de 24 heures avant de faner et de mourir mais, dans un endroit clair et ensoleillé, il se forme sans cesse de nouveaux boutons suivis de fleurs.

L'*Hibiscus rosa-sinensis* est l'espèce habituellement cultivée à l'intérieur. Il a acquis une grande popularité due à la sélection de variétés plus attirantes, au feuillage vert foncé et aux fleurs de couleurs vives. Cependant, ce succès est redevable en partie à l'utilisation de produits chimiques qui retardent la croissance et qui sont maintenant disponibles chez le jardinier commercial. Lorsqu'ils sont employés en dosage adéquat, ces ralentisseurs de croissance empêchent la plante de croître jusqu'à maturité. Il en résulte des plantes qui ont beaucoup plus de feuilles sur de courtes tiges, plutôt que moins de feuilles sur de plus longues tiges.

L'hibiscus est une plante vigoureuse. La température d'hiver peut descendre à 10° C en autant que le sol reste sec. Au printemps, la plante peut être rempotée pour la nouvelle saison dans un mélange à base de terre grasse.

HIBISCUS

Lumière et position

L'hibiscus nécessite une très bonne lumière pour garder ses boutons. Garder la plante à l'abri des courants d'air.

Amplitude thermique

La plante préfère une température égale, modérée, autour de 15° C. Toute fluctuation radicale de la température, à la hausse ou à la baisse, peut endommager la plante et causer la chute des boutons.

Arrosage

Bien arroser la plante durant la saison sèche et toute l'année, en laissant la surface sécher avant d'arroser à nouveau.

Engrais

Nourrir l'hibiscus avec un fertilisant liquide faible, à chaque arrosage, pendant la période de croissance.

Entretien saisonnier

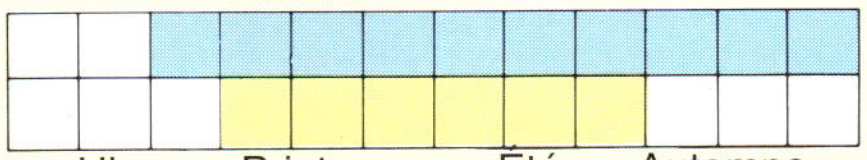

En hiver, même si le compost est gardé au bon degré d'humidité, quelques feuilles tomberont de la plante, mais la nouvelle croissance au printemps la regarnira. L'émondage est requis seulement si la croissance devient incontrôlable et doit être faite lorsque la plante a fini de fleurir.

Sol

L'hibiscus ne réussit pas bien dans un compost de tourbe, mais aime un mélange à base de terre grasse.

Hoya

LES HOYAS sont des plantes grimpantes qui s'enroulent et tournent autour de tout ce qui est à leur portée. Leur nom commun est fleurs de cire, à cause de l'aspect ciré de leurs fleurs en forme d'étoile s'épanouissant en grappe.

Les hoyas sont très faciles à entretenir. Ils ont besoin d'un bon éclairage et d'un arrosage surveillé, surtout en hiver alors que la croissance est moins active. La plus grande difficulté consiste à garder le contrôle des branches qui s'entortillent.

Les deux espèces cultivées à l'intérieur sont le *Hoya bella* et le *Hoya carnosa*. Le *Hoya bella* possède des feuilles d'un vert allant du pâle au foncé, attachées à des tiges ressemblant à du fil de fer qui se déploient presque horizontalement. Les branches ne se développent pas de façon pendulaire, parce que les grappes de fleurs se forment sous les branches. Celles-ci s'étendent en éventail et leurs délicieuses grappes de fleurs cirées sont bien visibles.

L'*H. c.* a des feuilles vert foncé et des fleurs blanche ou rose pâle qui fleurissent en grappes de 10 à 30. Il existe deux cultivars aux feuilles versicolores: l'*H.c. 'Exotica'* et l'*H. c. 'Variegata'*.

Les hoyas sont de jolies plantes grimpantes odorantes aux fleurs cirées en forme d'étoile. Elles poussent vigoureusement et même l'espèce naine *H. bella* (en haut) nécessite une taille pour garder ses branches sous contrôle. Les fleurs du *H. bella* (en haut à gauche) pendent du dessous des branches, ce qui demande de suspendre la plante à la hauteur de la tête afin que sa beauté et sa fragrance puissent être appréciées. L'*H. carnosa variegata* (ci-dessus) a des feuilles bordées de rose.

HOYA

Lumière et position

Trois à quatre heures de lumière du soleil chaque jour sont nécessaires, mais protéger la plante du soleil de la mi-journée.

Engrais

Durant la période active, nourrir avec un fertilisant liquide à toutes les deux semaines.

Amplitude thermique

Garder ces plantes à la température de la pièce et jamais en bas de 13° C. Au printemps et en été, maintenir une atmosphère humide.

Entretien saisonnier

Les hoyas peuvent être rempotés chaque printemps au besoin. Les variétés rampantes ont besoin d'être déplacées seulement aux deux ans.

Arrosage

Arroser modérément durant la croissance. Vaporiser régulièrement, excepté lorsque la plante est en fleurs.

Sol

Employer un mélange de tourbe en y ajoutant un peu de terre grasse.

Jacobinea

Ce genre comprend environ 300 espèces, mais seulement deux sont cultivées à l'intérieur. Les tiges et les branches sont douces et ligneuses; les feuilles sont d'apparence rude. Les fleurs tubulaires représentent l'intérêt principal du jacobinea.

Jacobinea carnea est l'espèce qui se cache derrière le beau nom de *Justicia magnifica*. Elle est comme un arbuste, droite, avec des feuilles vert gris doux et rouges en dessous. Les plantes adultes produisent une abondance de bractées roses au sommet de plusieurs tiges qui se développent lorsque la plante prend de l'âge.

Le *Jacobinea pauciflora* pousse à une hauteur d'environ 45 cm et porte des fleurs écarlates aux extrémités jaunes. Cette plante peut être placée dehors l'été, mais devrait être rentrée lorsque la température se dégrade.

Les jacobineas nécessitent de la moiteur, de l'humidité et de la chaleur. La température devrait être au moins à 18° C et les plantes placées à l'ombre légère. Arroser et nourrir librement en été et rempoter dans un sol à base de terre grasse pour plantes d'intérieur.

Les plantes ont besoin de beaucoup d'espace pour grandir et seront à leur mieux dans des pots d'environ 20 cm de diamètre. Les jacobineas ont l'air échevelé s'ils ne sont pas émondés et doivent habituellement être jetés après un an ou deux. La portion supérieure des tiges les plus fortes peut être utilisée pour le bouturage au printemps. En enlevant les pousses supérieures on encourage les plantes à se développer en densité.

Les jacobineas sont des plantes à l'aspect d'arbustes garnies d'attrayantes fleurs tubulaires. Le *J. carnea* (à droite) est une des deux espèces communément cultivées comme plantes d'intérieur. Comme le *J. pauciflora*, il est habituellement jeté lorsqu'il devient épars.

JACOBINEA

Lumière et position

Cette plante a besoin de lumière vive, mais doit être protégée du soleil direct en été.

Engrais

Nourrir la plante pendant la floraison, mais non durant les mois d'hiver.

Amplitude thermique

Fraîche Moyenne Chaude

Une chaleur moyenne est suffisante pour ces plantes, mais la température ne devrait pas tomber sous 13° C en hiver.

Entretien saisonnier

Hiver Printemps Été Automne

Rempoter au printemps ou quand les racines passent par le trou de drainage du pot. Pincer les extrémités des jeunes plantes afin qu'elles croissent en forme plus compacte. Après la floraison, les plantes devraient être coupées presque au niveau du sol.

Arrosage

Arroser les plantes adultes suffisamment en été; les garder plutôt sèches en hiver.

Sol

Employer un mélange à base de terre grasse qui peut se drainer librement.

Plante à prière

Marante

LES MARANTES poussent peu et leur nom commun est la plante prière parce qu'à la fin du jour, lorsque la lumière s'estompe, les feuilles se ferment ensemble comme des mains en prière. Le *Maranta leuconeura* est la seule espèce qui pousse à l'intérieur, mais il y en a plusieurs variétés.

Le *M. leuconeura erythroneura* pousse à plat, mais peut être encouragé à produire des tiges plus longues et plus droites si la plante est munie d'un tuteur.

MARANTE

Lumière et position

Ces plantes doivent être gardées à l'ombre car le soleil nuit à leur feuillage. Un faible éclairage en rehausse la couleur.

Engrais

Donner un fertilisant liquide faible avec l'arrosage, excepté en hiver.

Amplitude thermique

Fraîche Moyenne Chaude

Une température stable à 21° C est idéale pour tous les types et peut même être plus élevée pour la calathée, soit à 23° C. Il est essentiel que l'air soit humide.

Entretien saisonnier

Hiver Printemps Été Automne

Les marantacées nécessitent plus d'attention en été et durant la croissance qu'en hiver. Les feuilles peuvent être nettoyées et rafraîchies de temps à autre avec une éponge humide. Ne jamais se servir de nettoyeurs chimiques.

Arrosage

Un arrosage régulier est nécessaire mais attendre que la terre soit suffisamment sèche, car trop d'eau est néfaste.

Sol

Un mélange à base de tourbe est le meilleur choix, mais il devrait contenir un peu de terre grasse pour nourrir la plante.

Les marantes sont des plantes feuillues dont les feuilles sont magnifiquement ornées de dessins et de coloris distinctifs. Le *M. leuconeura 'Erythrophylla'* (en haut à droite) arbore des feuilles vert foncé veinées de rouge et marquées de taches plus pâles. Les feuilles de toutes les variétés sont enroulées lorsqu'elles sont jeunes.

Les feuilles ressemblent à du velours vert olive et sont veinées de rouge; le dessous est d'un rouge plus atténué. Les fleurs sont petites, insignifiantes et meurent presque aussitôt qu'elles sont apparues; en les enlevant, on améliore l'apparence de la plante. Malgré le colori exotique du feuillage, c'est une des plantes les plus faciles à entretenir.

Le *M. leuconeura kerchoevana* possède des feuilles vert pâle garnies de taches centrales, lesquelles expliquent son nom commun de Pistes de lapin. Cette plante est facile à cultiver si on la protège de la lumière trop vive.

Monstera

Plante fromage suisse
Plante ouragan
Plante fruit à pain mexicain

CE GENRE comprend le *Monstera deliciosa*, une des espèces les plus connues, en raison notamment de ses feuilles vertes particulières, découpées, sur des tiges vigoureuses. Après quelques années de croissance, la plante devient une plante imposante.

Le monstera est communément appelé la Plante fromage suisse à cause des ouvertures qui se forment progressivement dans les feuilles. Une particularité intéressante est son habileté à produire des masses de racines aériennes le long de ses tiges principales. Dans la jungle, son habitat naturel, ces racines ont deux raisons d'être. Elles s'enroulent autour d'un autre arbre qui agit comme support pour ancrer le monstera et procurer de la nourriture à la plante, laquelle peut avoir sa tête relevée parmi les arbres les plus hauts. Dans des situations idéales, ces racines trouveront leur chemin vers un ruisseau ou un point d'eau, procurant à la plante un approvisionnement suffisant d'humidité. Évidemment, le monstera ne trouvera pas de point d'eau dans votre salon; aussi, il vous faudra attacher les racines à la tige du plant afin de les diriger vers le sol lorsqu'elles seront suffisamment grandes. De cette façon, elles procureront à la plante encore plus d'humidité.

Les monsteras adultes changent d'aspect et développent des feuilles beaucoup plus grandes en vieillissant. Ils fleurissent aussi avec le temps et la fleur pourra être suivie de fruits durs et verts. Il faut attendre que la plante ait six à huit ans avant qu'elle ne produise des fruits.

Les monsteras ont de grandes feuilles particulières à l'allure de cuir à l'intérieur desquelles de grands trous se taillent, lui donnant son nom commun de plante fromage suisse. Le *M. deliciosa* (en haut à droite) peut atteindre jusqu'à 2,5 m.

MONSTERA

Lumière et position

Éviter la forte lumière du soleil et les coins sombres. Le soleil brûle les feuilles et l'ombre empêche la croissance.

Engrais

La plante produit des masses de racines dans sa période active et il faut donc la nourrir régulièrement à ce moment-là.

Amplitude thermique

Fraîche Moyenne Chaude

Une température se situant entre 15-21° C est idéale. La chaleur excessive est à éviter afin que les feuilles ne se mettent pas à rouler et tomber.

Entretien saisonnier

Hiver Printemps Été Automne

Pendant la période de croissance, nourrir et arroser le monstera généreusement. Nettoyer les feuilles de temps à autre, mais ne jamais essuyer les nouvelles feuilles tendres, elles peuvent facilement être endommagées.

Arrosage

Les monsteras doivent être maintenus à l'humidité, surtout quand l'environnement est sec. Les racines peuvent être trempées.

Sol

Le mélange pour les monsteras devrait surtout être composé de tourbe, de sable et d'un fertilisant approprié.

Musa (Bananier)

Plante banane

LE GENRE *Musa* comprend 35 espèces de vivaces toujours vertes, y compris plusieurs plantes bananes exotiques. Parmi celles-ci, le *Musa cavendishii* est particulièrement apte à être cultivé à l'intérieur, parce que plus petit et moins vigoureux. Les plantes sont droites et atteignent une hauteur de 1,5 m, avec un tronc solide d'un jaune brun. Les feuilles sont vert brillant et sont produites trois ou quatre à la fois. Les feuilles du bas tombent naturellement au fur et à mesure que d'autres sont produites vers le haut.

Le *Musa cavendishii* a besoin d'espace suffisant pour étendre ses feuilles et se développer; il exige de la lumière mais pas du soleil. La température sera au minimum de 16° C et le sol humide en permanence. Lorsqu'il est en période de croissance, il requiert une nourriture régulière. Vaporiser les feuilles quotidiennement pour procurer une humidité adéquate. Même s'il est optimiste d'espérer que le *Musa cavendishii* produise des fruits à l'intérieur, il le fait occasionnellement dans une serre chauffée où un haut degré d'humidité peut être maintenu. La tige centrale mourra mais la plante produira automatiquement de nouvelles pousses à la base.

Il est possible de faire germer les semences du *Musa Cavendishii*, mais rappelez-vous qu'il s'agit d'une grosse plante. La tétranyque est parfois importune.

Le Musa cavendishii (en haut à droite) n'a été cultivé comme plante d'intérieur que récemment. Le jaunissement des feuilles (ci-haut) au bas de la plante ne doit pas inquiéter, puisque les vieilles feuilles se détachent naturellement.

MUSA (BANANIER)

Lumière et position

Donner aux plantes le plus de lumière possible. Les protéger du fort soleil durant l'été.

Engrais

Cette grande plante a besoin de beaucoup de nourriture. La nourrir chaque fois qu'on l'arrose, excepté en hiver.

Amplitude thermique

Fraîche Moyenne Chaude

Une température minimale de 15° C est vitale à la plante banane qui réussira mieux à 18°-21° C. Maintenir l'atmosphère suffisamment humide.

Entretien saisonnier

Hiver Printemps Été Automne

Garder la plante propre et enlever les feuilles qui jaunissent et commencent à mourir. Ceci se produit régulièrement et n'est pas un signe de maladie. Le bouturage se fait au printemps, en séparant les nouveaux surgeons et en les rempotant séparément.

Arrosage

Le bananier requiert beaucoup d'eau mais ne doit pas y baigner.

Sol

Rempoter n'importe quand au printemps, ou en été si nécessaire, dans un mélange à base de terre grasse.

Palmiers

Les palmiers sont des plantes tropicales dont les grands troncs, dépourvus de branches, se terminent par une couronne de feuilles en forme d'éventail. La famille des palmiers est très grande, comptant plus de 200 genres et presque 3 000 espèces. À cause de leur forte croissance et de leur feuilles et tiges quelque peu dures, seul un petit nombre de palmiers peuvent être cultivés à l'intérieur. Si l'espace où les cultiver est adéquat, les palmiers sont des plantes faciles à garder.

Les palmiers nécessitent une bonne lumière mais pas de soleil vif. Ils doivent être gardés toujours humides, tout en les arrosant peu en hiver. Ils ne doivent pas reposer dans l'eau.

Attention cependant: malgré leur apparence résistante, plusieurs palmiers sont sensibles aux produits chimiques appliqués à leurs feuilles et ceux-ci ne doivent pas être mis sur des plantes exposées au soleil.

Le Palmier queue de poisson, *Cryota urens*, a besoin d'espace pour se développer en hauteur. De fortes pousses s'élancent à la verticale avant de s'ouvrir pour exposer leurs feuilles rugueuses en V ressemblant à une queue de poisson, d'où leur nom. Pendant la maturation, la plante développera une base bulbeuse pour supporter ses tiges principales.

Les palmiers représentent une très vaste famille de plantes, mais seulement quelques-uns peuvent être cultivés à l'intérieur. Deux de ceux-ci sont le *Neanthe bella* (ci-dessus) et le *Cocos nucifera* (ci-dessous). Le palmier le plus populaire de tous est probablement le Howea forsteriana (à gauche).

Le *Neanthe bella* (aussi appelé *Chaemodora elegans*) est un des palmiers les plus compacts et à l'apparence la plus soignée. On l'utilise si souvent à cette fin que son nom commun est le palmier de vivoir. Le *Neanthe bella* possède de courtes feuilles en forme de branches et atteint une hauteur maximum de 90 cm à 1,2 m lorsque cultivé à l'intérieur. Il est vendu soit en jeune plant de quelques centimètres pour être planté dans un jardin bouteille, ou comme une plante plus imposante de 90 cm entourée de quelques plants dans le contenant.

Le *Chrysalidocarpus lutescens* est parfois appelé *Areca lutescens*. Ce palmier a belle apparence lorsque plusieurs jeunes plants ont d'abord été placés dans le pot: la réunion des tiges jaune orangé donnera un bel effet lorsque la plante aura atteint sa maturité. La plante garde des proportions modestes.

Le palmier cocotier, *Cocos nucifera*, est un arbre majestueux poussant librement. Ceux qui poussent à l'intérieur ont un fruit de cocotier enterré dans le pot. Les racines se développent et la pousse apparaît alors à l'extrémité de la grosse noix de coco fibreuse.

Le Palmier paradis est sans aucun doute le plus populaire au monde pour la décoration intérieure; il se cache sous un double nom, *Howea forsteriana* est le plus adéquat, mais *Kentia forsteriana* est le plus répandu. Cet élégant palmier possède des tiges vert foncé et atteint une hauteur de 4,5 à 6 m dans des conditions optimales.

Les palmiers Phoenix ont un feuillage rigide qui irradie d'un tronc central. Le *P. canariensis* évolue en une plante très imposante qui convient mieux aux endroits isolés, le *P. roebelenii* est une magnifique plante au beau feuillage plus doux et mieux adapté à la croissance domestique.

Les illustrations de cette page montrent quelques-uns des palmiers adaptés à la culture d'intérieur.

Le Chrysalidocarpus (en haut à gauche) et le Chamaedoreas (en haut à droite) sont de bons palmiers à cultiver si l'espace est limité. Les plus grands palmiers comprennent le palmier phoenix (ci-haut), le kentia (à droite) et le caryota à feuilles rugueuses (à gauche).

PALMIERS

Lumière et position

La majorité des palmiers croissent naturellement en des endroits où la chaleur et la lumière du soleil sont intenses.

Engrais

Les petites plantes réussissent bien avec un fertilisant faible à chaque arrosage.

Amplitude thermique

Fraîche Moyenne Chaude

Pendant la croissance, un environnement chaud de 15°-21°C est préférable. En hiver, des variétés plus résistantes peuvent supporter des températures baissant à 7° C.

Entretien saisonnier

Hiver Printemps Été Automne

Les palmiers sont difficiles à bouturer et les semences pourront prendre deux ans à germer. Ils sont sensibles aux changements dans l'environnement et doivent être acclimatés graduellement en vue d'un déplacement à l'extérieur.

Arrosage

Arroser abondamment durant la période de croissance. En hiver, plus la pièce est fraîche, moins l'eau est nécessaire.

Sol

Les plantes plus petites peuvent être rempotées aux deux ans avec un mélange à base de terre grasse d'humus de feuilles.

Pandanus

Arbre indécent

LES FEUILLES du pandanus sont conçues de façon à protéger la plante de toute invasion. Elles ont des épines le long de leurs bordures et en dessous des feuilles, où elles sont encore plus traîtresses. À cause de cette caractéristique, toutes les plantes du genre Pandanus devraient être traitées avec respect et placées hors de portée. Les feuilles n'ont pas de pétioles et irradient en beauté d'un court tronc central. Ces plantes résistantes supportent presque tout, à l'exception de l'humidité et du froid.

Deux espèces de pandanus sont vendues comme plantes d'intérieur et on les cultive seulement pour leur feuillage car elles ne peuvent fleurir dans une pièce.

Le *Pandanus veitchii*, l'espèce la plus compacte, a des feuilles blanches et vertes. Il peut atteindre 90 cm à 1,2 m de haut, avec une envergure de même dimension, lorsqu'il croît dans un pot droit de 18 cm.

Le *Pandanus baptise* est une plante encore plus magnifique. Le feuillage est d'un jaune or brillant. La hauteur atteint 1,9 m avec une envergure similaire. Pour atteindre cette dimension, la plante doit avoir au moins dix ans et connaître des conditions de croissance idéales.

Le plus de luminosité possible est essentiel à l'intérieur et un éclairage artificiel durant les soirs d'hiver sera bénéfique. Pour rempoter, se servir d'un mélange riche et planter fermement. Même s'il faut garder la plante humide au printemps et en été, elle ne doit pas être trop mouillée durant l'hiver.

Le pandanus possède de longues feuilles recourbées aux épines pointues. Le *P. baptise* (en haut) est une grande plante étendue dont les feuilles jaune doré se déroulent d'un tronc central. Le *P. veitchii* (en bas) aux feuilles rayées, est plus petit.

PANDANUS

Lumière et position

Un bon éclairage est nécessaire à la croissance saine qui demande au moins trois heures d'ensoleillement par jour.

Amplitude thermique

Fraîche Moyenne Chaude

La température normale d'une pièce est adéquate; l'hiver, la température devrait être maintenue à 18° C. Ces plantes ont besoin d'humidité: les feuilles bruniront si l'atmosphère est trop sèche.

Arrosage

Arroser abondamment durant la croissance. Plonger la plante dans l'eau durant l'été et diminuer l'apport en eau à l'hiver.

Engrais

Donner une nourriture liquide aux deux semaines, sans excès; éviter de nourrir en hiver.

Entretien saisonnier

Hiver Printemps Été Automne

Des boutures de ces plantes très dures peuvent être faites en tirant les rejetons de la base de la plante mère et en les rempotant séparément dans un mélange de tourbe. Le rempotage sera fait lorsque nécessaire, au printemps.

Sol

Lorsque les plantes se développent, il faut employer une terre grasse et des pots en terre cuite.

Philodendron

IL Y A de nombreuses espèces de philodendrons cultivées comme plantes d'intérieur. Même si certaines produisent des spathes ou des fleurs agréablement colorées, les philodendrons sont surtout appréciés pour leur feuillage attrayant et remarquable.

Le *Philodendron bipinatifidum* possède de grandes feuilles, semblables à des doigts, attachées à de très forts pétioles irradiant d'un tronc court au centre de la plante. Sans être spectaculaire dans sa jeunesse, il est une des plantes feuillues les plus majestueuses lorsqu'il atteint 2,4 m, mais alors il peut avoir un diamètre de 3,6 m, ce qui n'en fait pas une plante facile à installer.

Certains philodendrons sont des spécimens rares, laissés aux connaisseurs; parmi eux, se trouvent les espèces du *P. wendlandii*, qui produit des feuilles vert pâle ayant la forme d'un volant au niveau du sol. Afin de s'épanouir, cette plante nécessite une température se situant autour de 21° C.

Certaines variétés plus récentes de philodendron ont le *P. hastatum* dans leur famille, lequel porte le nom commun d'oreilles d'éléphant. Ses feuilles vert pâle, en forme de flèche, poussent sur de solides tiges droites. Il peut atteindre une hauteur de 4,6 m si placé dans un grand pot dans l'environnement protégé d'un jardin botanique ou d'une serre. Cependant, les plantes demeurent de taille plus modeste si elles sont cultivées à l'intérieur. Les nouvelles variétés ont des habitudes semblables, mais elles offrent de jolies feuilles aux couleurs allant presque du rouge vin chez le *P.* 'Bourgogne' à un rouge noir chez le P. 'Émeraude rouge', en passant par le jaune rouillé du *P.* 'Dame peinte'. La plupart des variétés sont relativement faciles à cultiver.

Les philodendrons sont de populaires plantes feuillues. Certains, comme le *P. scandens* (à gauche), sont des grimpants faciles à cultiver. D'autres, comme le *P. hastatum*, avec ses feuilles en forme de flèche (détail en bas) et ses nombreuses variétés telles l'*'Émeraude rouge'* (ci-haut) sont droits.

PHILODENDRON

Lumière et position

Tous les philodendrons doivent être placés à l'abri des rayons directs du soleil.

Engrais

Plus la plante est grosse, plus elle a besoin de nourriture.

Amplitude thermique

Les philodendrons ne devraient pas supporter une température en-dessous de 13° C. La température d'été maximale pour leur confort est de 21° C.

Entretien saisonnier

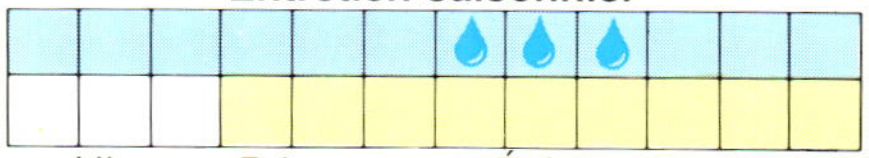

Les philodendrons sont des plantes pour toutes les saisons, mais doivent être à l'abri des endroits froids en tout temps. Ils ont une courte période de dormance à la mi-hiver, pendant laquelle on les arrosera seulement pour éviter que la terre sèche. Le reste de l'année, arroser modérément.

Arrosage

Arroser parcimonieusement. En hiver, arroser seulement pour empêcher le sol de sécher complètement.

Sol

Employer un mélange à base de tourbe avec un peu de terre grasse et rempoter lorsque les racines remplissent le pot.

Pléomèle

UNE DES PLANTES feuillues les plus raffinées est le *Pleomele reflexa variegata*. Appelé communément chant de l'Inde, il produit de courtes feuilles qui s'agglutinent sur des tiges légèrement courbées. Au début, les feuilles sont vert moyen et deviennent jaune or riche lorsque la plante mûrit. Le *Pleomele reflexa* a des feuilles vertes. Il produit moins de branches et est moins attrayant.

Le *Pleomele reflexa* et le *P. r. variegata* poussent lentement et prennent jusqu'à dix ans pour devenir de beaux spécimens de 1,5 m. Au début de leur croissance, les plantes poussent sur une seule tige; elles feront des branches naturellement en vieillissant.

Le *P. r. variegata* demande un endroit clair pour conserver la couleur brillante de son feuillage. Les plantes requièrent une température minimale de 18° C et devraient être fertilisées régulièrement durant l'été. Si le sol est mouillé pendant de longues périodes, les plantes croîtront difficilement et perdront leurs feuilles. Rempoter avec un sol à base de terre grasse, tôt au printemps. Pour faciliter le drainage, placer des fragments de pots en terre cuite au fond du contenant.

PLÉOMÈLE

Lumière et position

Les pléomèles ont besoin d'une lumière vive à l'abri du soleil direct. Placer devant une fenêtre située à l'est ou à l'ouest.

Engrais

Donner un fertilisant liquide régulièrement durant la croissance, du printemps à l'automne.

Amplitude thermique

Fraîche Moyenne Chaude

Une température chaude est essentielle à ces plantes. Une température d'au moins 13° C doit être maintenue en hiver. Placer les pots sur des plateaux ou des soucoupes contenant du gravier humide.

Entretien saisonnier

Hiver Printemps Été Automne

Les plants doivent être rempotés à tous les deux ou trois printemps. Pour bouturer, prendre l'extrémité des pousses des tiges et les faire raciner dans un compost à empotage, en utilisant une poudre à base d'hormones pour les racines.

Arrosage

Garder le compost humide en tout temps, mais réduire l'arrosage en hiver. Laisser le dessus du sol sécher avant d'arroser.

Sol

Employer un mélange à base de terre grasse, avec un tiers de terreau formé de feuilles et de tourbe grossière.

Le pléomèle (ci-haut) est très proche des dracaenas. À maturité, la forme versicolore de cette plante est particulièrement jolie. Un bon éclairage est essentiel à la croissance.

Plombago

LE *PLUMBAGO CAPENSIS* est la seule espèce du genre à croître à l'intérieur. Cette plante produit de charmantes fleurs tout l'été et tard en automne. De petites feuilles poussent à des branches entortillées qui croissent rapidement si on leur donne un environnement et une culture appropriés. Il faut leur procurer un support, mais la plante couvrira rapidement un mur, particulièrement si elle peut faire courir ses racines librement le long d'une bordure ouverte dans une pièce jardin.

Les fleurs du *Plumbago capensis* sont d'une jolie couleur bleu poudre, mais blanche chez le *P. capensis Alba*. Ce dernier n'est pas aussi frappant que la variété bleue, mais la combinaison des deux est des plus agréable.

Une croissance excessive du plombago peut être taillée en tout temps. Après la période de floraison, couper la plante à environ 30 ou 60 cm de la base si elle est très vigoureuse; elle se revigorera rapidement au printemps. Rempoter alors en employant un mélange de terre à empotage. À moins d'avoir besoin de morceaux nouveaux pour le bouturage, tout ce qui a été émondé devrait être brûlé.

PLOMBAGO

Lumière et position

Ces plantes réussissent bien dans une lumière vive avec un peu de soleil direct.

Engrais

Un fertilisant liquide à haute teneur en potasse devrait être donné toutes les deux semaines durant la saison de croissance.

Amplitude thermique

Fraîche Moyenne Chaude

Les plantes s'accommoderont de la température normale de la pièce qui ne devrait pas descendre à moins de 7° C en hiver.

Entretien saisonnier

Hiver Printemps Été Automne

Les vieilles fleurs peuvent être désagréables à la vue et doivent être enlevées. Après la floraison, en fin d'été, il est préférable de couper les tiges presque au niveau du pot. Une nouvelle pousse recommencera au printemps suivant.

Arrosage

Garder le sol humide en tout temps, mais ne jamais laisser les plantes dans l'eau. Réduire l'arrosage durant l'hiver.

Sol

Employer une terre grasse et rempoter lorsque les plantes sont prêtes à fleurir à nouveau au printemps.

Le Plumbago capensis (ci-haut) est une plante grimpante à l'aspect de bosquet, produisant des grappes de fleurs bleu poudre en forme de trompettes (détail en bas). La couleur délicate de ces fleurs et leur longue saison de floraison font de cette plante une véritable attraction à l'intérieur.

Polyscia

Les polyscias ont de petites feuilles rondes attachées à des tiges droites plutôt rugueuses qui, à l'état sauvage, atteignent une hauteur de 3 m. Cependant, les plantes poussent rarement plus haut que 90 cm à l'intérieur, où elles sont appréciées pour leur feuillage versicolore décoratif.

Il y a plusieurs espèces de polyscias cultivées à l'intérieur, mais celle qui est la plus susceptible d'être disponible sur le marché est le *P. balfouriana* aux petites feuilles d'allure plutôt dure. Elles sont attachées à des tiges tachetées et rugueuses. Il y a de nombreuses variétés de *P. balfouriana* qui diffèrent seulement par la couleur des feuilles. Le *P. b. 'Pennockii'* a des marques jaune vert pâle le long des veines.

Les polyscias ne sont pas faciles à cultiver. Ils ont tendance à perdre leurs feuilles inférieures si l'arrosage n'est pas bien contrôlé, le sol ne devant être ni trop sec ni trop mouillé. La température de croissance devrait être d'au moins 16° C, mais en présence de tétranyques, garder la température sous 21° C pour les contrôler. Fertiliser régulièrement au printemps et en été.

Les polyscias sont appréciés pour leur feuillage versicolore. Le *P. balfouriana* est l'espèce la plus accessible pouvant être cultivée à l'intérieur. Le *P. balfouriana 'Marginata'* (ci-dessus) est une variété dont les feuilles sont bordées de blanc crème. Ces plantes nécessitent un faible arrosage, sinon elles perdront leurs feuilles inférieures.

POLYSCIA

Lumière et position

Choisir un emplacement en pleine lumière, en dehors du soleil direct.

Engrais

Un fertilisant liquide régulier devrait être donné toutes les deux semaines, du début du printemps à l'automne tardif.

Amplitude thermique

Fraîche Moyenne Chaude

Ces plantes demandent une température chaude au-dessus de 18° C. Le bon degré d'humidité sera maintenu en installant les pots sur des plateaux ou des soucoupes remplis de cailloux humides.

Entretien saisonnier

Hiver Printemps Été Automne

Ces plantes demandent peu d'attention tant que leurs besoins en lumière et en température sont assurés. Le rempotage sera peut-être requis tous les deux ou trois printemps, mais il faut examiner les racines chaque année.

Arrosage

Un arrosage régulier et modéré est recommandé. Laisser le haut du sol sécher avant d'arroser à nouveau.

Sol

Un riche mélange de tourbe est recommandé.

Saintpaulia

Violette africaine

Les saintpaulias sont probablement parmi les plus populaires des plantes fleuries produites en pot. Leur culture relativement facile est une raison de leur popularité, tout comme la vaste gamme de couleurs des fleurs qui s'échelonne de blanc à rose, de rouge à bleu profond. Les feuilles sont rondes, attachées à des pétioles courts et fermes qui irradient d'un petit tronc central qui grossira en vieillissant. Les feuilles sont couvertes d'un duvet important, il faut donc les nettoyer prudemment, sans jamais les frotter. Lors de l'arrosage, éviter que l'eau touche les feuilles.

La violette africaine nécessite un bon éclairage; la lumière naturelle doit être remplacée le soir par un éclairage artificiel, car la clarté supplémentaire incite la plante à fleurir davantage. La plupart des fertilisants pour plantes d'intérieur sont forts en azote, mais les violettes africaines fleuriront mieux si le fertilisant a plutôt un haut pourcentage de potasse. Une faible solution de fertilisant à tomate fera l'affaire. À part la lumière, les plantes doivent avoir chaud. Le saintpaulia conventionnel doit être maintenu à une température de 18° C. De nouveaux développements dans la culture des violettes africaines ont créé ce que l'on appelle les plantes résistantes au froid qui tolèreront des températures tombant à 13° C. Ces plantes sont offertes en plusieurs coloris et portent le nom d'Explorateurs de l'Arctique.

L'arrosage des violettes africaines est une opération délicate. Il convient de les arroser raisonnablement avec de l'eau tiède plutôt que celle venant directement du robinet, trop froide. Verser suffisamment d'eau à la surface du sol pour que le surplus s'égoutte par les orifices situés sous le pot.

SAINTPAULIA

Lumière et position

La violette africaine requiert une bonne lumière et acceptera le soleil direct en autant qu'il ne soit pas amplifié par le verre.

Engrais

Les feuilles doivent être gardées sèches lorsqu'on nourrit la plante. Ajouter un faible fertilisant liquide en arrosant.

Amplitude thermique

Les violettes africaines s'épanouissent à une température de 18°-21° C. La chaleur et l'humidité des salles de bain et des cuisines sont idéales.

Entretien saisonnier

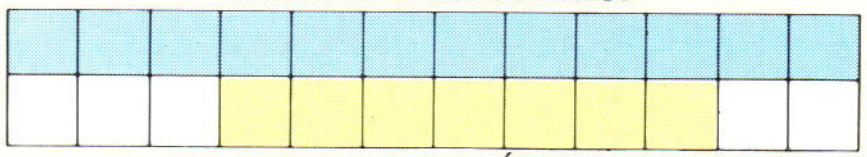

D'une saison à l'autre, les soins à apporter au saintpaulia varient en terme de quantité d'eau requise. La plante ne doit jamais être trop arrosée, mais par temps froid, c'est encore plus important. Enlever les fleurs et les feuilles mortes.

Arrosage

En été, vaporiser occasionnellement avec un nuage d'eau de pluie. Arroser parcimonieusement par temps froid.

Sol

En général, les petits pots sont préférables aux grands. Les violettes africaines aiment le compost à base de tourbe.

Les saintpaulias ou violettes africaines sont des plantes fleuries d'intérieur extrêmement populaires. De multiples raisons expliquent ce phénomène: leur petit format, leur palette de fleurs aux couleurs vives et leur rosette de feuilles duveteuses d'un vert profond. Plusieurs hybrides du *S. ionantha* ont été cultivés, y compris le *S. ionantha Rococo* (ci-dessus) aux fleurs roses doubles et le *S. ionantha Endivance* (à gauche) aux fleurs pourpres simples. En arrosant ces plantes, il faut éviter de mouiller les feuilles.

Schefflera

Les schefflera**s**, des plantes individuelles remarquables, sont tout à leur avantage dans de grands contenants décoratifs où on les cultive comme des spécimens uniques. Les feuilles sont vert luisant et sont composées de cinq à neuf doigts attachés à de solides pétioles qui, à leur tour, irradient autour de tiges élancées.

Le *Schefflera actinophylla*, connu aussi comme le *Brasssaia actinophylla*, est une espèce cultivée pour l'usage intérieur. Il a au moins deux noms communs: plante parapluie et arbre pieuvre.

Le *Schefflera actinophylla* nécessite un grand espace dans lequel grandir. Les plantes demandent une température de 10-13° C en hiver avec la lumière du soleil. Un emplacement légèrement à l'ombre est idéal; éviter de placer les plantes dans des endroits trop ensoleillés ou trop sombres. Les plantes adultes demanderont une nourriture fréquente et la terre ne devrait jamais sécher. Ne pas trop arroser. Rempoter tôt au printemps.

Les scheffleras font de jolies plantes d'intérieur. Le genre est celui des arbres toujours verts, mais l'espèce *S. actinophylla* (ci-haut) pousse comme un arbuste lorsque mis en pot. Un nombre varié de petites feuilles irradient des extrémités de longues tiges (détail à droite). Cette plante feuillue est idéale pour quiconque désire une plante imposante et facile à cultiver.

SCHEFFLERA

Lumière et position

L'arbre parapluie est une plante facile qui préfère l'ombre légère ou le soleil indirect.

Engrais

Un fertilisant liquide peut être employé à l'arrosage, mais au fur et à mesure de la croissance deux fertilisants peuvent servir.

Amplitude thermique

Fraîche Moyenne Chaude

Afin de garder l'arbre parapluie heureux, une chaleur raisonnable aux environs de 15°-21° C est requise, 18° C étant très bien. Ces plantes aiment aussi l'humidité, alors éviter la chaleur sèche.

Entretien saisonnier

Hiver Printemps Été Automne

Les plantes peuvent être bouturées à la fin de l'hiver à partir de semences ou de morceaux de tiges. Rempoter n'importe quand, excepté l'hiver.

Arrosage

Plus la plante est grosse, plus elle demande d'eau, excepté en hiver lorsqu'elle est inactive. Toujours garder le sol humide.

Sol

Un arbre parapluie de quatre ans peut demander un pot de 25 cm de diamètre. Le mélange devrait nourrir la plante pendant quelques années. Il contiendra beaucoup de terre grasse, mais ne sera pas lourd.

Scindapsus

Lierre du diable

LE SCINDAPSUS mesure de 1,2 à 1,8 m à l'intérieur et est garni de feuilles en forme de coeur, ayant l'apparence du cuir. L'espèce la plus populaire, le *S. aureus*, arbore de magnifiques couleurs jaune et vert pâle mouchetées qui se maintiennent partout excepté dans les endroits trop sombres. Sans doute une des plus jolies plantes feuillues, il peut grimper ou ramper et sera facile à garder à l'intérieur dans une ambiance chaude, humide et légèrement ombragée.

Le *S. a.* 'Reine de marbre' a une diaprure blanche très jolie chez les plantes adultes. Mais il est difficile à cultiver à l'intérieur. Un sol de tourbe est nécessaire au *S. aureus* et au *S.a.* 'Reine de marbre'. Il leur faut un fertilisant faible régulièrement durant la croissance.

Le scindapsus possède des feuilles en forme de coeur sur des tiges rampantes qui s'enroulent autour de tout support se trouvant à proximité. Le *S. aureus* (en bas), avec ses feuilles mouchetées de jaune et vert, est l'espèce la plus populaire. Une espèce résistante a été développée, pour en faire une plante d'intérieur solide. Une variété de cette espèce, le *S. aureus* 'Reine de marbre' (à droite) possède des feuilles marbrées de blanc, mais elle est difficile à cultiver.

SCINDAPSUS

Lumière et position

Tous les scindapsus détestent le soleil fort et direct. Ils n'aiment pas plus l'ombre, excepté pour le *S. aureus*.

Engrais

Les petites plantes doivent recevoir une faible alimentation avec chaque arrosage, les grandes plantes un dosage plus fort.

Amplitude thermique

En période de croissance, ces plantes prospèrent à la température normale d'une pièce, soit entre 15°-21° C, 18° C étant l'idéal.

Entretien saisonnier

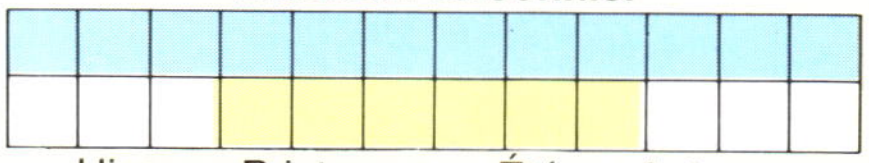

Émonder tôt au printemps. Si l'on désire une plante fournie, bien émonder les pousses principales. Les boutures faites à partir de bouts de tiges peuvent être plantées au printemps, dans l'eau ou la terre.

Arrosage

Le scindapsus n'aime pas être trop arrosé. Arroser modérément durant la période de croissance.

Sol

Le mélange se compose de terre régulière à laquelle on ajoute un peu de terre grasse. Pour bouturer, planter les morceaux dans un mélange humide de mousse de tourbe et de gros sable.

Sinningia

Gloxinia
Gloxinia du fleuriste

IL Y A plusieurs espèces de sinningia, la plupart se caractérisant par des fleurs brillamment colorées et un feuillage à l'avenant. La plus commune est le gloxinia du fleuriste, le *S. speciosa*, disponible durant les mois d'été. Les plantes sont basses et produisent de larges et douces feuilles vertes surmontées de fleurs trompettes vivement colorées de plusieurs nuances. Les plantes mises en pots de 18 cm font beaucoup plus de fleurs que celles se trouvant dans des pots plus petits.

Le *Sinningia cardinalis* pousse d'un tubercule et possède un feuillage velouté vert émeraude très attirant. Les fleurs écarlate vif avec leur gorge violette s'épanouissent en grappes. Un bouquet de ces fleurs, placé dans un grand vase, peut être très impressionnant. Tôt en automne la plante perd naturellement ses fleurs et son feuillage. Ceci est le signe qu'il faut réduire l'arrosage jusqu'à ce que la terre soit sèche comme de la poussière d'os, ce qui maintient le bulbe au chaud pour l'hiver. Au printemps, le bulbe sera planté dans de la terre fraîche pour renouveler le processus de croissance pendant une autre année.

Les sinningias offrent des fleurs spectaculaires en forme de trompettes et de grandes feuilles veloutées. Les fleurs écarlates de ce gloxinia *S. speciosa* (à droite) sont une des multiples couleurs disponibles. Le mélange de *S. speciosa* (ci-dessus) illustre les variétés de nuances de fleurs qui ont été développées. Tous les sinningias meurent naturellement à l'hiver, mais repousseront s'ils sont rempotés au printemps.

SINNINGIA

Lumière et position

Trouver l'endroit le plus clair possible pour ces plantes, mais éviter le soleil direct qui pourrait brûler les nouvelles feuilles.

Amplitude thermique

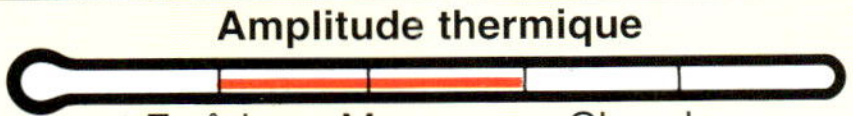

Une température d'environ 15° C durant l'été est idéale. En hiver, garder les bulbes secs et à l'abri du gel à environ 10° C. La température maximale en été devrait être de 23° C.

Arrosage

En été, arroser généreusement deux à trois fois par semaine. Lorsque la croissance a cessé, laisser sécher complètement.

Engrais

Lorsque la plante est stabilisée, il n'est pas nécessaire de la nourrir. En période de croissance, nourrir à chaque arrosage.

Entretien saisonnier

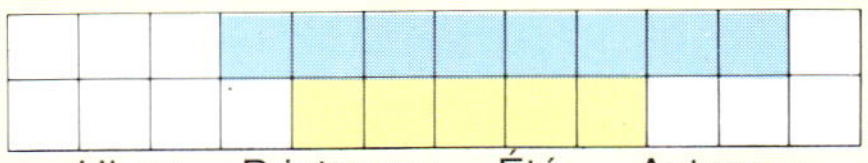

L'émondage n'est pas nécesssaire excepté pour enlever les feuilles et les fleurs mortes ou endommagées. Les jeunes plants devraient être empotés deux ou trois fois durant la période de croissance. Les vieux tubercules devraient être empotés une fois au printemps.

Sol

Tout bon mélange à empotage domestique conviendra au gloxinia.

Spathiphyllum

LES SPATHIPHYLLUMS sont appréciés à la fois pour leur feuillage et leurs fleurs en forme d'arum. Ils produisent des feuilles vertes et luisantes sur de petits pétioles poussant directement du sol pour former des masses impressionnantes.

L'espèce la plus populaire est le *S. wallisii* qui produit des groupes de minces feuilles vertes plutôt quelconques et des spathes blanches sur de courts pétioles. C'est une plante intéressante sur le rebord de la fenêtre qui offre des fleurs presque toute l'année.

Plus spectaculaire et d'apparence remarquable est l'hybride *S.* 'Mauna Loa' qui produit de grandes spathes blanches sur des tiges qui dépassent 60 cm.

Le *S. wallisii* et le *S.* 'Mauna Loa' demandent de l'humidité et de l'ombre. La température doit être raisonnablement chaude, autour de 16 à 21° C. Lorsqu'elles sont bien acclimatées à leur pot, ces plantes doivent être nourries à chaque arrosage durant le printemps et l'été. Pour faire de nouvelles plantes, séparer les touffes de croissance en petites sections, en s'assurant que chaque pièce a deux ou trois feuilles qui y sont attachées, et les empoter dans une terre grasse.

Les spathiphyllums sont des lis arum dont l'attrait réside dans le contraste entre d'une part, leurs feuilles vertes et luisantes, et d'autre, par leurs spathes blanches à longues tiges d'où les spadices centraux émergent. Le *S. wallisii* (en haut), dont les feuilles poussent en groupes compacts, est une bonne plante à mettre sur un rebord de fenêtre, parce qu'elle est un peu plus petite que les autres espèces. Il a besoin d'une nourriture régulière, généreuse au printemps et en été, sinon les bordures des feuilles jauniront et émousseront.

SPATHIPHYLLUM

Lumière et position

Les spathiphyllums aiment un endroit ensoleillé, mais pas le soleil direct.

Nourriture

Employer un fertilisant liquide régulier et administrer aux deux semaines pendant la croissance.

Amplitude thermique

Fraîche Moyenne Chaude

Les spathiphyllums exigent une température de 15°-21° C. Ils n'aiment pas les courants d'air et ont besoin d'une atmosphère humide.

Entretien saisonnier

Hiver Printemps Été Automne

La plante pousse davantage en été et devrait être plus arrosée à ce moment-là. Éviter les surplus d'eau; des vers peuvent bloquer les ouvertures de drainage du pot, c'est à vérifier. Diminuer la nourriture en hiver.

Arrosage

Le spathiphyllum devrait être arrosé modérément et le mélange à empoter ne devrait jamais sécher complètement.

Sol

Les plantes doivent être rempotées chaque printemps dans un mélange à base de terre grasse. S'assurer que le drainage est adéquat.

ASCLÉPIADACÉES

Stephanotis

SEULEMENT UNE espèce dans le genre Stephanotis est cultivée comme plante d'intérieur. Le *Stephanotis floribunda* est orné de feuilles ovales opposées les unes aux autres et de couleur vert foncé. Les fleurs sont tubulaires, blanc crème et groupées par cinq ou plus. Elles apparaissent par intervalles tout au long du printemps et de l'été. Les bouquets de fleurs placés dans un plat d'eau vivront plusieurs jours pendant lesquels leur parfum remplira la maison.

Le stephanotis est une plante qui s'enroule et qui s'attache à un treillis, un mur ou un plafond de la même manière que les hoyas. La croissance peut être très vigoureuse; un stephanotis bien stimulé peut atteindre plus de 3,6 m.

Il demande une température minimale de 13° C, aussi constante que possible. Garder les plantes au sec durant l'hiver, mais arroser abondamment pendant la saison de croissance. Les cochenilles des serres sont un problème.

Le stephanotis floribunda (ci-dessus) est une plante grimpante vigoureuse qui s'enroule autour de tout type de support. Sa particularité est le parfum envoûtant de ses bouquets de fleurs blanches d'aspect ciré et en forme d'étoiles (détail à droite).

STEPHANOTIS

Lumière et position

Donner à la plante le plus de lumière possible. Le plein soleil peut brûler quelques feuilles, mais il n'est pas dommageable.

Engrais

S'assurer que les plantes reçoivent une nourriture faible à chaque arrosage pendant la période de croissance.

Amplitude thermique

Fraîche Moyenne Chaude

Une température autour de 15° C toute l'année est parfaite pour ces plantes. En été, ne pas laisser la température grimper au-dessus de 23° C.

Entretien saisonnier

Hiver Printemps Été Automne

Arroser abondamment au printemps et à l'été mais laisser la terre sécher entre les arrosages. La plante peut être émondée après la floraison.

Arrosage

En été, arroser deux à trois fois par semaine; en hiver, une fois par semaine. Utiliser de l'eau douce et tiède si possible.

Sol

Rempoter au printemps lorsque les plantes amorçent leur nouvelle saison. Employer un mélange conventionnel pour les plantes d'intérieur; les mélanges de tourbe ne sont pas satisfaisants.

Strelitzia

CE GENRE comprend la *Strelitzia reginae*, appelée oiseau de paradis, laquelle offre une fleur des plus saisissantes. Les feuilles, en forme de lance gris métallique, sont portées par de rigides pétioles et peuvent atteindre une longueur de 90 cm à 1,2 m. Les fleurs sont surtout orangées et bleues. Elles fleurissent d'une bractée presque horizontale; les fleurs à trois pétales ressemblent à une crête et émergent après plusieurs semaines. Les plantes produiront des fleurs après cinq ou sept ans, alors qu'elles devraient être dans des pots de 25 cm de diamètre.

Les strelitzias nécessitent une lumière vive, avec au moins quelques heures de soleil direct chaque jour. Une température très chaude n'est pas nécessaire et les plantes peuvent rester à l'extérieur, sauf si de la gelée est attendue.

Le strelitzia reginae (ci-dessus et à droite) est une plante d'une beauté frappante qui peut être cultivée assez facilement à partir d'une semence. Cependant, il peut s'écouler des années avant que la plante ne produise sa flamboyante floraison.

STRELITZIA

Lumière et position

Ces plantes ont besoin d'une bonne lumière et d'au moins trois ou quatre heures de soleil direct chaque jour.

Amplitude thermique

Fraîche Moyenne Chaude

Durant le printemps et l'été, les strelitzias s'accommoderont de la température normale de la pièce. Une température plus fraîche autour de 13° C est nécessaire durant l'automne et l'hiver.

Arrosage

Arroser modérément et réduire l'apport en eau pendant la période de dormance.

Engrais

Du fertilisant liquide régulier devrait être appliqué toutes les deux semaines durant la croissance seulement.

Entretien saisonnier

Hiver Printemps Été Automne

Le rempotage devrait se faire au printemps, mais éviter d'empoter trop souvent: ne jamais le faire avant que les racines ne soient bien établies dans le pot. Des plantes adultes peuvent arrêter de fleurir pour aussi longtemps que deux ans si elles sont déplacées. Bouturer en divisant soigneusement les touffes trop coincées.

Sol

Employer un mélange à base de terre grasse qui se drainera facilement.

Cactus et plantes grasses

LES PLANTES GRASSES ont plusieurs caractéristiques rares et particulières qui se sont développées pendant un long et lent processus évolutif. Une de ces caractéristiques est leur habileté à s'adapter à des conditions éprouvantes qui causeraient la mort chez d'autres groupes de plantes. Il en résulte des formes intrigantes, parfois presque grotesques, mais belles tout de même, que l'on retrouve dans plus de 50 familles de plantes différentes, incluant plus de 350 genres, dont 250 appartiennent aux cactées.

Les formes et les dimensions des plantes grasses sont infinies. Leur caractéristique commune est une structure charnue incorporée, apparente dans leurs tiges, leurs feuilles ou leurs racines. Cette structure leur permet d'emmagasiner l'humidité et les protège contre les situations et les changements environnementaux.

Les plantes grasses poussent presque partout dans le monde, même sous les climats les plus imprévisibles. Les plus grandes familles de plantes grasses, euphorbiacées, mésembryanthémacées et asclépiadacées, sont pour la plupart natives de l'Afrique et l'Arabie. L'Australasie possède également ses plantes grasses indigènes.

Il y a un dicton à l'effet que les cactus réussissent bien si on les néglige. Cet aphorisme est totalement faux. Les plantes grasses peuvent survivre, mais certainement pas progresser, si elles sont négligées. Alors soyez attentifs. Notez les réactions des plantes au traitement reçu et faites preuve d'initiative et d'innovation.

Il y a énormément de plantes grasses aptes à la culture d'intérieur. Par comparaison, il y en a peu de mentionnées dans ces pages, mais elles sont représentatives de quantité d'autres qui apporteront de l'éclat à la maison. Elles ne sont pas toutes faciles à cultiver. Les plantes grasses provenant de régions équatoriales demandent souvent plus de chaleur que celles des régions tropicales et subtropicales et ne doivent pas être regroupées avec des plantes incompatibles.

Le soin des cactus

Toutes les plantes grasses ne sont pas originaires de régions arides ou semi-arides. L'habitat d'un grand nombre est la jungle ou la forêt humide où certaines plantes poussent dans les arbres, comme le font plusieurs espèces d'orchidées. Ces plantes issues de la forêt requièrent une culture différente de celle appliquée aux plantes grasses du désert. Le cactus d'intérieur le plus connu est probablement le *Schlumbergera bridgesii*, le populaire cactus de Noël. On traitera plus loin des soins à apporter à ce cactus, le soleil, l'eau et le fertilisant étant également valable pour ce type de plante.

Lumière et température

Placer les plantes dans un lieu éclairé, pas en plein soleil, car elles pourraient en être brûlées à certaines périodes de l'année.

Procurer aux plantes une température appropriée. On ne peut arroser, fertiliser ou même empoter si la température ambiante est plus basse que 13° C. Surtout pendant les périodes de croissance et de floraison, les plantes nécessitent des températures plus hautes. Sinon, les feuilles s'étioleront et les bourgeons tomberont.

Compost et empotage

Un riche compost pour ces plantes sera composé d'humus formé de feuilles complètement décomposées, de tourbe et de sable liant, en parties égales. Dans certains cas, de l'humus supplémentaire pourrait être nécessaire. Il est essentiel que le compost soit poreux. Si l'humus diminue cette porosité, ajouter du sable.

L'empotage est important. Ne jamais employer un contenant trop petit ou trop grand qui, tous deux, ne conviennent pas. Le rempotage devrait être effectué dès que les plantes ont fleuri.

Arrosage

Pour les plantes de la jungle, il n'est ni nécessaire, ni recommandé, de laisser la terre se

Les cactus et les plantes grasses (ci-dessus) ont des formes et des dimensions très variées. Toutes les plantes grasses ont une structure enflée et charnue dans leurs racines, leurs tiges ou leurs feuilles, qui permet d'emmagasiner l'humidité. Les cactus, soit le plus grand groupe de plantes grasses, ont aussi une aréole. Ce coussin de poils, rond ou allongé, est le point de croissance à partir duquel se développent les pousses, les branches ou les épines. Les bourgeons de fleurs sont produits par la partie supérieure de l'aréole.

Par définition, une plante grasse est celle qui emmagasine l'humidité dans ses feuilles, ses tiges ou ses racines. L'écheveria (à gauche) et ses feuilles charnues représente la plante grasse typique.

Les cactus sont des plantes grasses de la famille des cactées. Tous les cactus ont un point de croissance appelé aréole, un coussin d'où poussent les épines et les fleurs.

dessécher complètement à tout moment. Durant la période de croissance, arroser librement, mais jamais au point de laisser la terre trempée, ce qui pourrait causer la pourriture des racines. En garnissant le fond du pot de tessons de terre cuite, on devrait prévenir l'accumulation d'eau.

Fertilisant

Lorsque la croissance est visible ou que des bourgeons de fleurs apparaissent, la fertilisation est essentielle. Si pendant ces périodes, les plantes sont toujours fertilisées au moment de l'arrosage avec un produit liquide en faible concentration, elles prospéreront. Une bonne vieille méthode est de mettre dans le compost du fumier de vache complètement décomposé. C'est un excellente procédé qui rend inutiles les fertilisants artificiels.

Très peu de fertilisants ont été préparées spécifiquement pour la culture des plantes grasses. La majorité contient de l'azote et de la potasse. Ce sont des ingrédients essentiels, mais trop d'azote favorisera la croissance au détriment de la floraison. Certains fertilisants contiennent ces deux éléments auxquels s'ajoutent des oligoéléments comme le fer, le manganèse, le magnésium, le cuivre, le bore et le molybdène. En vous servant de ces fertilisants, vous serez sur le chemin de la réussite. Ne jamais fertiliser les plantes qui ne sont pas en période de croissance, qui ont l'air malades, déshydratées ou mal en point.

Maladie

L'arrosage excessif, risque d'occasionner plusieurs maladies. Si la plante montre des signes de maladie, examiner les racines, couper les parties endommagées, saupoudrer la plante avec de la poudre de soufre et rempoter dans une nouvelle terre. La moisissure noire peut attaquer certaines plantes, comme les stapélies et les épiphytes, au niveau du sol. La moisissure noire est causée par une bactérie s'immisçant dans la plante, et les parties affectées devraient être coupées très soigneusement. Saupoudrer l'entaille avec de la poudre de soufre et garder la plante au sec jusqu'à ce que la coupure soit guérie. Un fongicide à base de cuivre appliqué au besoin aidera à réduire le problème. La fonte des semis affecte d'abord les jeunes pousses. Un bon fongicide y remédiera; en choisir un qui contient du captan ou du zineb.

Bouturage

Des tableaux énumérant les espèces de plantes grasses expliquent le bouturage par semences. La plupart des semences sont disponibles, mais il faut se les procurer à partir de sources fiables. L'ensemencement est cependant simple.

À quelques exceptions près, la terre peut être la même que celle recommandée pour les plantes dans les tableaux individuels, mais du sable très liant doit être ajouté. Les plantes grasses germent immédiatement, mais si le sol n'est pas

Bouturage Plusieurs plantes grasses peuvent être bouturées à partir de morceaux coupés. Les lignes rouges sur l'opuntia (ci-dessous à gauche) et l'écheveria (ci-dessous à droite) montrent où les tailles peuvent se faire. Laisser guérir les coupures avant de permettre aux pousses de prendre racine dans un mélange à parts égales de tourbe et de sable liant.

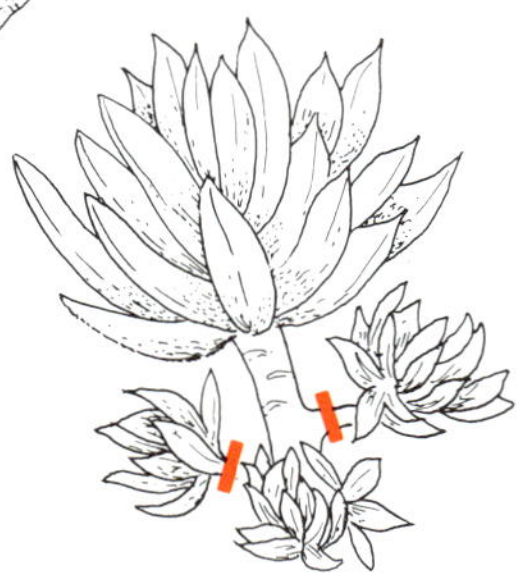

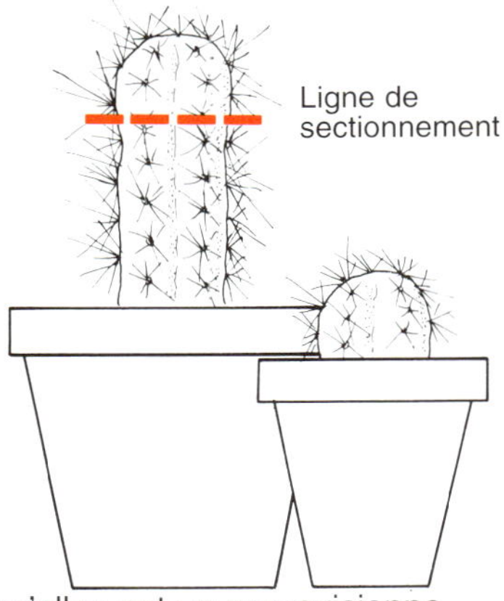

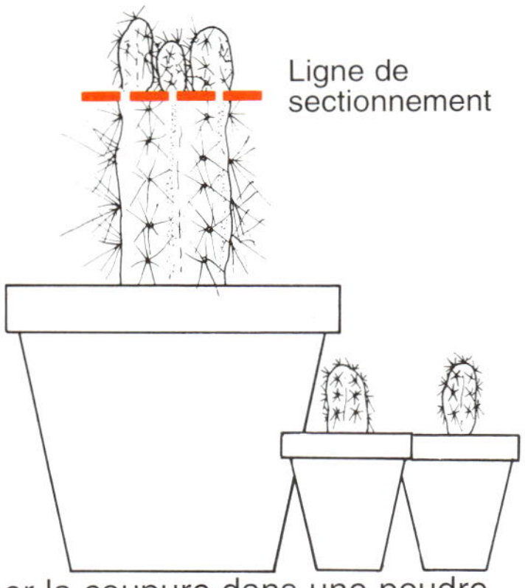

Parce qu'elles ont un approvisionnement interne en eau, les plantes grasses ne sont pas perturbées par un arrêt temporaire de l'arrosage et sont prêtes à être bouturées par division, rejetons, surgeons, coupes ou greffes.

Ce cactus globulaire se multiplie de deux façons. La partie supérieure peut être coupée (au dessus à gauche) et le morceau laissé sur une tablette aérée et éclairée jusqu'à ce qu'une callosité protectrice se forme sur la blesssure. (Certains jardiniers recommandent de tremper la coupure dans une poudre d'enracinement). Après que la callosité s'est installée, placer la section du haut dans un nouveau pot. Ne pas enfoncer la base trop profondément afin de prévenir le pourrissement.

La plante divisée produira de nouveaux rejetons (en haut à droite) au sommet du tronçon. Ceux-ci peuvent aussi être coupés et enracinés dans de plus petits pots. Employer un compost d'enracinement composé de sable liant et de tourbe.

poreux, elles peuvent pourrir rapidement. La façon de faire est de couvrir les semences d'un léger épandage de sable fin, à une profondeur équivalente à la grosseur des semences. Si les semences ont la forme de poussière, les répandre délicatement sur la surface sablonneuse du contenant et, plus délicatement encore, les arroser pour qu'elles s'intègrent au sol. Tremper complètement les contenants. Les égoutter et les garder dans un endroit chaud et ombragé jusqu'à la germination. Ensuite, leur donner progressivement plus de lumière. Après environ trois mois, placer les contenants dans un endroit très éclairé, mais éviter le plein soleil tant que les pousses n'ont pas atteint leurs formes caractéristiques.

Le soin des plantes grasses désertiques

Les conseils donnés plus haut s'appliquent aux plantes propres aux régions arides. Sauf exceptions, ces plantes adorent le soleil; placez-les dans l'endroit le plus ensoleillé possible. Le même genre de sol conviendra à plusieurs, mais pour certaines, il sera sage d'ajouter un peu de chaux ou de substituer une terre grasse à la tourbe. On peut acheter du compost déjà préparé. Plusieurs composts commerciaux à base de terre donnent d'excellents résultats, mais il faut souvent ajouter un peu plus de sable pour assurer la porosité. Les composts sans terre ont acquis de la popularité ces dernières années, avec raison, mais il faut ajouter 30 pour cent ou plus de sable liant à l'ensemble. Des nutriments ont déjà été ajoutés à ces composts préparés. Ces nutriments ont une durée limitée et comme les plantes grasses sont très gourmandes, il faudra se rappeler de les fertiliser.

FAMILLES DE PLANTES GRASSES

Les plantes grasses proviennent de toutes les parties du monde et vont des minuscules herbes aux énormes arbres. Les cactées sont la plus grande des familles de plantes grasses, comportant 250 genres et à peu près 3 000 espèces et variétés. Il existe 50 autres familles de plantes qui ont des espèces possédant, à un certain degré, des plantes grasses. Dans plusieurs cas cependant, seulement quelques espèces sont véritablement grasses. Dans la partie qui suit, tous les spécimens appartiennent à l'une de ces familles. Les plantes sont classifiées selon le genre, chacun pouvant être trouvé dans ce tableau.

Apocynées
La majorité des espèces d'environ 180 genres est constituée d'arbustes non gras ou de plantes grimpantes provenant de pays tropicaux ou subtropicaux. Bien que peu nombreux, les genres de plantes grasses comme le *Pachypodium* et le *Plumiera* contiennent certaines des plantes les plus exotiques du monde. Les fleurs magnifiques sont parfumées alors que les cosses de semences apparaissent comme un fruit en forme de corne.

Asclépiadacées
Il y a au delà de 200 genres dans cette grande famille, y compris le *Ceropegia*, le *Hoya*, le *Huernia*, le *Luckhoffia*, le *Stapélie*, le *Stultitia*. Les espèces grasses originent d'Afrique, d'Arabie, d'Extrême-Orient et d'Australasie. Les fleurs magnifiques sont très colorées et leur parfum est souvent sucré.

Cactées
Les plantes appartenant à la plus connue et à la plus grande des familles de plantes grasses viennent surtout des Amériques. Les milliers d'espèces varient énormément, mais toutes comportent une aréole. L'aréole est le coussin rond ou allongé de feutre ou de poils constituant le point de croissance d'où se développent les pousses, les branches ou les épines.

Convolvulacées
Les espèces de cette grande famille de liserons se retrouvent dans plusieurs parties du monde. Leurs habitudes varient énormément; les plantes peuvent se présenter sous la forme d'arbustes, d'arbres, de grimpants, de rampants, et même de parasites. Les espèces grasses sont habituellement dotées de grandes fleurs très colorées. Elles sont représentées dans ces genres: *Ipomée*, *Turbina* et *Merremia*.

Crassulacées
Cette famille comprend des genres de plantes grasses tels le *Crassula*, l'*Écheveria*, le *Graptopetalum*, le *Sedum*, le *Tacitus* et le *Cotylédon*. Les espèces sont surtout natives de l'Europe tempérée, d'Asie, d'Australie et d'Amérique.

Euphorbiacées
Cette famille comprend plus de 400 genres, mais seulement quelques-uns d'entre eux contiennent des plantes grasses. *Euphorbe*, *Jatropha*, *Synadenium*, *Monadenium* sont les principaux genres de plantes grasses de cette famille. La structure d'inflorescence distingue les plantes de cette famille: les fleurs sont entièrement mâles ou entièrement femelles.

Gesnéracées
Cette famille de plantes bien connues contient environ 800 espèces, rattachées à un petit nombre de genres. Les deux genres qui comptent des plantes grasses sont le *Pélargonium* et le *Sarcocaulon*; les plantes sont originaires d'Amérique du Sud.

Liliacées
Cette grande famille de plantes se caractérise par plus de 3 000 espèces. Les genres de plantes grasses comprennent l'Aloès, l'*Haworthia* et le *Gastéria*; la plupart des plantes sont originaires d'Afrique et de Madagascar.

Mésembryanthémacées
Après les cactées, il s'agit de la plus grande famille de plantes grasses. Elle compte environ 125 genres différents (dont le *Conophytum* et le *Lampranthus*) et plusieurs milliers d'espèces. La plupart des espèces sont natives d'Afrique du Sud, mais un certain nombre vient d'Arabie, d'Australasie et des îles de l'Atlantique.

Pédaliacées
La famille de plantes du Vieux Monde contient seulement 12 genres et probablement pas plus de 50 espèces. Elles proviennent toutes de régions tropicales ou subtropicales, surtout d'Afrique. Seules les plantes de deux genres, soit le *Pterodiscus* et le *Sesamothamnus*, sont classées parmi les plantes grasses vivaces.

Astrophytum/Cryptocereus/Disocactus

Astrophytum

C'EST UN GENRE important et les quelques espèces qui le composent sont parmi les plantes les plus recherchées. Le titre générique vient du latin et signifie plante étoile, en raison de l'aspect des écailles recouvrant l'épiderme de la plante.

L'*Astrophytum myriostigma var. nudum* est sphérique et devient parfois légèrement cylindrique lorsque mature. Le corps est plus ou moins sans colonne et muni de cinq ou six côtes symétriques allant de la couronne à la base, chacune étant séparée par une dépression. La forme ressemble à une mitre ce qui justifie le nom commun de cette plante, à savoir chapeau d'Évêque.

Cette plante possède une caractéristique particulière, soit la couleur verte de son corps, les autres variétés étant surtout grises. Elle provient du nord du Mexique central et pousse habituellement à l'ombre limitée des arbustes locaux, à une altitude d'environ 700 m.

Les fleurs sont satinées et jaune brillant. Elles apparaissent près de ou dans la couronne de la plante. Les fleurs éclosent après quelques années.

ASTROPHYTUM

Lumière et position

Il faut un bon éclairage et de l'aération en tout temps. Le plein soleil peut brûler et les courants d'air sont dangereux.

Engrais

Pendant la croissance, nourrir les plantes d'un fertilisant faible avec chaque arrosage.

Amplitude thermique

Fraîche Moyenne Chaude

En hiver, garder la température à 10°-13° C. En été, les plantes accepteront des températures élevées.

Entretien saisonnier

Hiver Printemps Été Automne

Garder les plantes complètement sèches et à l'abri des courants d'air en hiver. Rempoter au printemps si nécessaire.

Arrosage

Arroser par le haut ou le bas, mais seulement lorsque le sol est sec. Détremper alors et permettre au sol de se drainer.

Sol

Utiliser un mélange à parts égales de tourbe, de terreau fait de feuilles, de gravier et de sable, avec un peu de chaux.

L'Astrophytum myriostigma var. nudum (ci-dessus) possède des côtes symétriques allant de la couronne à la base.
Le Cryptocereus anthonyanus (à droite) a certaines des fleurs les plus colorées de tous les cactus épiphytiques et une tige au motif séduisant en "rick-rack".

CRYPTOCEREUS

Lumière et position

Le Cryptocereus anthonyanus a besoin d'un bon éclairage ou d'un emplacement mi-ombragé.

Engrais

Donner un fertilisant faible à chaque arrosage.

Amplitude thermique

Fraîche Moyenne Chaude

Garder les plantes à une température minimale de 10°-16° C durant l'hiver, lorsqu'il faut un environnement légèrement humide. En été, les plantes acceptent une grande chaleur en autant qu'elles ont de l'ombre.

Entretien saisonnier

Hiver Printemps Été Automne

En hiver, la température doit être supérieure à 10° C. Les plantes ne doivent pas sécher complètement, car les branches commenceront à se déshydrater. Prendre des boutures au début de l'été et laisser faire des callosités avant d'empoter.

Arrosage

Cette plante épiphyte a besoin d'humidité toute l'année. Arroser régulièrement et abondamment.

Sol

Employer un mélange de terreau à base de feuilles, de tourbe et de sable liant en parties égales, plus un peu de fumier.

Cryptocereus

C'est un petit genre de plantes épiphytiques. Le titre générique signifie 'cereus caché', parce que le bouton de la fleur est dissimulé dans les tiges aplaties à encoches et à lobes. Il possède une tige souvent appelée en "rick-rack", ce qui en soi est une caractéristique intéressante. Les branches peuvent atteindre 2 m ou plus de long.

Le *Cryptocereus anthonyanthus* est une trouvaille relativement récente. C'est un véritable épiphyte qui pousse dans les arbres. Les racines aériennes produites sur les tiges permettent à la plante de s'ancrer solidement aux branches des arbres, desquelles elle pend. Cette plante mexicaine est facile à cultiver. Placée dans un panier suspendu bien orienté, cette plante s'épanouira dans un endroit ombragé de la maison ou dans une serre.

La fleur, vraiment exotique, est d'une beauté frappante. Les sépales rouge brique et la gorge jaune se combinent pour en faire une des fleurs les plus exceptionnelles de la famille des cactées. Les fleurs s'ouvrent tard l'après-midi et restent ouvertes dans la nuit. Leur parfum est léger et agréable.

Disocactus

Quelques espèces seulement appartiennent à ce genre. Toutes sont semblables en habitudes et en apparence, mais elles diffèrent sur des caractéristiques très évidentes. Les tiges sont longues, souvent de 30 cm, et elles atteignent de 3 à 5 cm de large. Encochées et dentées, elles ont tendance à vriller légèrement et sont plutôt pointues aux extrémités. La floraison peut être très abondante. Produites dans la portion supérieure des tiges, les fleurs mesurent environ 5 cm de long; elles sont de couleur rouge carmin et en forme de trompette.

Le *Disocactus eichlamii* est une espèce épiphyte intéressante et inusitée venant des forêts du Guatémala. Elle a des tiges et des branches aplaties, similaires en plus petit aux plantes du genre *Epiphyllum* auquel elle est reliée. Cette plante touffue, s'étalant à partir de la base, développe l'habitude de pendre, caractéristique propre à tous les épiphytes.

Il y a peu de problème à cultiver le *Disocactus eichlamii*. Les plantes demandent le même traitement que le très connu cactus de Noël. Les fleurs apparaissent tard dans l'année, d'où l'obligation de maintenir une température d'environ 12° C pour obtenir de bons résultats. Les plantes sont faites pour la culture à la maison ou en serre, dans des pots ou des paniers suspendus. Il faut garder les plantes légèrement humides continuellement.

Le Disocactus eichlamii (ci-dessus) est une espèce épiphyte venant de la forêt du Guatémala. Les fleurs, vivement colorées, sont produites tard dans l'année et leur épanouissement persiste durant plusieurs semaines. Les longues tiges, encochées et dentées, ont tendance à vriller.

DISOCACTUS

Lumière et position

Le disocactus nécessite un bon éclairage indirect ou la semi-pénombre. L'air frais est essentiel, mais éviter les courants d'air.

Amplitude thermique

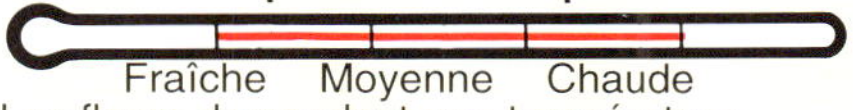

Les fleurs demandent une température minimale de 13° C en tout temps. Les plantes accepteront une haute température en été et au début de l'automne en autant qu'elles sont à l'ombre.

Arrosage

Garder les plantes humides en tout temps. Par temps chaud, vaporiser de l'eau à l'occasion.

Engrais

Du fertilisant faible devrait être ajouté à chaque arrosage à la fin du printemps, en été et en automne. Ne pas arroser en hiver.

Entretien saisonnier

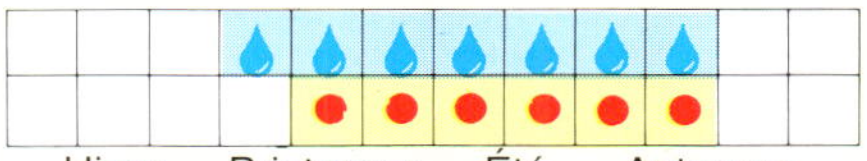

Faire les bouturages au printemps, qui est aussi le temps de l'émondage. Empoter au printemps. Surveiller les insectes nuisibles de manière constante.

Sol

Un compost acide, des feuilles décomposées et du sable liant en parts égales, plus un peu de tourbe assureront de bons résultats fleuris.

Échinocéreus/Échinops

Échinocéreus

Les plantes de ce genre sont dotées de diverses caractéristiques: elles peuvent être cylindriques, globulaires, droites ou courbées, mais toutes produisent des fleurs moyennes ou grandes de couleurs vives. Le nom générique vient du grec 'echinus' qui signifie hérisson, en référence aux multiples épines de ces plantes. Certaines espèces méritent le terme de cactus hérisson ou échinocactus. Les espèces échinocéreus existent dans le sud-ouest des États-Unis et dans le nord et le centre du Mexique.

Une des espèces les mieux connues est l'*Echinocerus pentalophus*. Plusieurs variétés de cette plante produisent des rejetons, certains allongés, d'autres courts, qui deviendront éventuellement courbés et formeront de grands 'coussins' ou 'tapis'. L'*E. pentalophus procumbens*, une plante du nord du Mexique, est un des meilleurs exemples du groupe. Les minces tiges ont moins de 2 cm de large et atteignent souvent 12 cm ou plus de long. Les côtes produisent un effet de spirale et les aréoles blanches portent quelques épines brunes. L'effet courbé ou 'procumbens' est très visible et lorsque la plante est en pleine floraison, elle produit de grandes fleurs brillantes magnifiques du genre.

La popularité de cette variété ne se dément pas depuis de nombreuses années. Les tiges ne captent pas nécessairement l'imagination du collectionneur et en outre, l'habitude de la plante de se courber, voire de ramper, peut vite exiger beaucoup d'espace. Ce sont plutôt les fleurs aux riches couleurs, pouvant atteindre 10 cm de long et 8 cm de diamètre, qui fascinent et suscitent l'admiration.

Comme la majorité des espèces d'échinocéreus, cette plante pousse librement et résiste au froid, bien qu'elle déteste la froideur extrême. Elle préfère un endroit ensoleillé et est assoiffée pendant la saison de croissance et de floraison.

ÉCHINOCÉREUS PECTINATUS

Lumière et position

Un plein soleil est à conseiller; l'ombre continuelle altérera la croissance et la floraison.

Engrais

Donner une alimentation régulière avec chaque arrosage, mais ne pas nourrir du début de l'hiver jusqu'à tard au printemps.

Amplitude thermique

Fraîche Moyenne Chaude

Les plantes supportent une très haute température pendant la croissance, mais en hiver, elles s'accommodent de 7°-10° C si elles sont conservées complètement sèches.

Entretien saisonnier

Hiver Printemps Été Automne

Pendant leur croissance vigoureuse, donner aux plantes de la chaleur, de l'air frais, suffisamment d'eau et des nutriments. Rempoter au printemps. Prendre les boutures en été; ne pas empoter chichement.

Arrosage

Arroser abondamment durant la croissance, mais garder complètement au sec en hiver.

Sol

Un bon compost contiendra de la terre grasse, du terreau de feuilles et du gravier sablonneux, en parties égales. Il peut être utile d'ajouter un peu de chaux.

L'Échinocéreus pentalophus var procumbens (ci-dessus) provient du nord du Mexique et produit de grands rejetons ressemblant à des coussins.

Échinops

C'est un grand genre des cactus de l'Amérique du Sud. Le titre se rapporte aux épines des plantes, 'echinus' signifiant hérisson et 'opsis', apparence.

ÉCHINOPS

Lumière et position

Un endroit ensoleillé est essentiel; à l'ombre la plante s'étiolera.

Engrais

Donner un fertilisant faible avec chaque arrosage durant la croissance.

Amplitude thermique

Fraîche Moyenne Chaude

Garder les plantes très fraîches et sèches en hiver; ceci est essentiel à une bonne floraison. En été, la température peut monter à plus de 30° C sans dommage pour les plantes.

Entretien saisonnier

Hiver Printemps Été Automne

Les insectes nuisibles tendent à s'attaquer aux plantes durant les périodes de dormance. Il faut donc garder l'oeil ouvert. Les rejetons peuvent être enlevés et replantés au début de l'été. Rempoter à ce moment.

Arrosage

Ne pas arroser de l'hiver au début du printemps. Arroser régulièrement pendant les autres périodes.

Sol

Employer un mélange de tourbe, de terreau fait de feuilles et de sable liant en parties égales. Le sol doit être poreux.

Encéphalocarpus

L'ECHINOPSIS AUREA VAR. AURANTIACA est une espèce colorée qui demeure quelque peu répandue dans les collections. Elle fut d'abord décrite comme étant membre du genre *Lobivia*, mais après des recherches plus poussées, elle fut incorporée aux *Echinops*. Quel que soit son titre, cette plante est très recherchée à cause de ses fleurs aux couleurs inusitées.

Son origine actuelle demeure incertaine, mais les données recueillies indiquent qu'elle serait originaire d'Argentine. Le style de croissance est très variable. Le corps de la plante est d'un brun vert terne, muni de plusieurs côtes et d'épines tordues et touffues, certaines ayant 5-8 cm de long. Les jolies fleurs brun orangé apparaissent à partir de la fin juin jusqu'au mois d'août.

L'Echinopsis aurea var aurantiaca (ci-dessus) porte des épines imprévisibles et des fleurs d'une nuance peu fréquente de brun orangé.

Encéphalocarpus

C'est un genre monotype qui stimule l'imagination des collectionneurs depuis plusieurs années. Une espèce très distincte au charme et à l'attrait particuliers, l'*E. strobiliformis*, diffère de tout autre cactus à cause de ses tubercules plats et de ses écailles entourant étroitement le corps de la plante. Son habitat naturel est le Mexique, près de Nuevo Leon.

La plante est munie de racines pivotantes très prononcées qui pourraient l'assimiler au genre *Ariocarpus*. Les tubercules gris vert penchent vers l'extérieur et ont des extrémités pointues, chacune portant une aréole laineuse munie de délicates épines. La floraison est abondante. Les fleurs sont de couleurs vives et contrastent radicalement avec les tubercules gris. Chaque fleur mesure environ 3 cm de long. Elles sont issues de l'extrémité des jeunes tubercules et s'épanouissent tard le matin pour ne vivre qu'un seul jour.

C'est une plante de connaisseurs, et malgré ses particularités uniques, l'*Encephalocarpus strobiliformis* n'est pas un sujet difficile à cultiver. Un très bon éclairage est nécessaire, sinon

L'Encephalocarpus strobiliformis (ci-haut) est une espèce distincte native du Mexique. Les tubercules en forme d'écailles, comprimées de manière cônique, la distinguent des autres cactus. Les grandes fleurs délicatement colorées s'épanouissent plusieurs à la fois et la période de floraison peut s'allonger sur plusieurs semaines.

ENCEPHALOCARPUS STROBILIFORMIS

Lumière et position

Donner aux plantes un très bon éclairage plutôt qu'un soleil direct, puisque les plantes tendent à se décolorer.

Amplitude thermique

Les plantes endurent une température basse en hiver mais doivent être au sec. La température ne doit pas tomber sous 7°-10° C. Les hautes températures sont acceptables si les plantes sont à l'ombre.

Arrosage

Arroser du dessus ou du dessous mais jamais en hiver. Un arrosage excessif peut causer le pourrissement.

Engrais

Des fertilisations liquides fréquentes hâteront et prolongeront la floraison. Nourrir seulement durant la période de croissance.

Entretien saisonnier

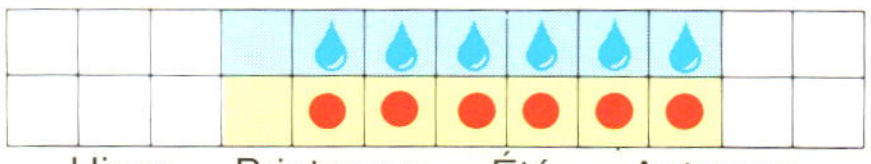

Garder les plantes sèches et fraîches en hiver. Favoriser progressivement la croissance au printemps avec un peu d'eau. Augmenter l'arrosage à mesure que la température se réchauffe. Rempoter en été si nécessaire. Ensemencer à 21° C.

Sol

Les plantes ont besoin d'un compost à cactus poreux, avec un bon contenu de terreau fait de feuilles.

Épicactus

L'Épicactus cv. Giant Empress (en haut) est splendide dans un panier suspendu.
L'Épicactus cv. Regency (à gauche) résistante, elle fleurit tardivement.
L'Épicactus cv. Queen Anne (à droite) est appréciée pour sa croissance compacte.

Épicactus
Le titre d'épicactus fait référence aux nombreux hybrides de l'*Epiphyllum* croisés avec d'autres genres proches parents. Pendant de nombreuses années, *Phyllocactus* fut le nom associé à ces plantes, mais ce n'était pas botaniquement acceptable, puisqu'il signifie 'cactus semblable à une feuille' et qu'un grand nombre de plantes assimilées à ce nom ne ressemblaient en rien à des feuilles. Les épicactus sont populaires depuis plus de cent ans. Même à l'époque victorienne, plus d'une fenêtre était ornée d'*Epiphyllum ackermannii*, des hybrides produisant une succession de fleurs écarlates pendant les premiers mois de l'année; la plante garde une place importante aujourd'hui. Les spécialistes de l'hybridation, surtout ceux d'Europe et d'Amérique, ont toujours essayé de produire des variétés plus exotiques qui donnent de nombreux cultivars de presque toutes les couleurs imaginables: blanc le plus pur, crème, jaune, orangé, rose, écarlate, violet le plus profond, sans compter les innombrables nuances entre ces couleurs ou leur mélange dans le cas des fleurs multicolores. À ce jour, seulement le vert et le bleu ont échappé aux spécialistes.

Tous les épicactus sont essentiellement des plantes d'intérieur. Les fleurs durent environ cinq jours et elles s'épanouissent de mars à la fin juin ou juillet.

Tous les cultivars nécessitent les mêmes conditions de culture. Une très bonne lumière, mais pas de plein soleil leur permettra de bien croître. Arroser régulièrement en période de croissance, en gardant le sol humide, jamais mouillé.

Epicactus cv. Regency est une forme améliorée de *cv. Cooperi*, un produit direct de l'*Epiphyllum crenatum*, une magnifique espèce à fleur blanche; et de *Selenicereus grandiflora*, mieux connu sous le nom de Reine de la nuit, aux fleurs blanc crème, presque jaune. Ces deux parents sont de véritables épiphytes et donnent à la plante sa superbe senteur. L'*Epicactus cv. Regency* est très semblable à l'*Epiphyllum crenatum* dans sa floraison de jour. Sa fleur, semblable aussi puisqu'en forme de trompette, mesure 13 cm de diamètre. La couleur vient des deux parents, le jaune crème pâle étant en évidence. Les tiges, plates, épaisses et douces, atteignent souvent 40 cm de long.

L'*Epicactus cv. Queen Anne a* une filiation plus complexe, puisque résultant d'un hybride croisé avec un hybride dans un essai pour créer une fleur jaune. Ce minuscule cultivar jaune est un des meilleurs épicactus. Les tiges dépassent rarement 30cm de long, demeurent plates mais un peu tordues et donnent une magnifique succession de fleurs, de taille moyenne, de la fin mars à juin.

L'*Epicactus cv. Giant Empress* est une forme améliorée du *cv. Deutsche Kaiserin*, un des premiers hybrides. Ici aussi, les tiges sont minces et plates, avec une inclinaison vers le bas. Ces plantes sont parfaites pour orner un panier suspendu et réussissent bien dans l'environnement normal d'une maison.

L'*Epicactus cv. Court Pink* est une plante qui s'étend. Les tiges et les branches demeurent rarement à la verticale, mais ne sont certainement pas pendantes. Les fleurs de grosseur moyenne poussent librement le long des branches et bien que roses, une légère touche orangée se profile. Cette plante vient de la Grande-Bretagne; si ses origines ne sont pas connues, on sait qu'elle n'est pas un hybride direct entre deux espèces définies. Le jaune profond des bourgeons avant leur épanouissement est une caractéristique intéressante.

L'*Epicactus cv. Impello* est un des hybrides de l'auteur de ce livre, développé sur une période de sept à huit ans dans le Sussex. Certains hybrides sont planifiés, d'autres apparaissent comme ça. Dans le cas cité plus haut, ce fut un essai planifié de produire un épicactus jaune. Cependant, lorsque la couleur inusitée de cette plante apparut, il fut décidé de cultiver l'hybride pour lui-même. Son parfum appuyé, ses délicates nuances de rose, lilas et violet pâle, sa prestance droite, même si sa croissance n'est pas très haute, en fait un des meilleurs parmi les plus pâles des cultivars multicolores.

L'*Epicactus cv. Pegasus*, d'origine américaine est extraordinaire. Les fleurs très grandes sont agrémentées de pétales rouge orangé. Les sépales sont bordés de brun violacé et présentent souvent une apparence froissée. Les plantes peuvent atteindre 60 cm; les branches sont plates, larges et très fermes. C'est une des meilleures variétés aux couleurs plus sombres avec des fleurs multicolores. Les fleurs sont produites régulièrement et pour ceux qui ont l'espace pour loger de grandes plantes, ce cultivar est un véritable article d'exposition.

L'Epicactus cv. Court Pink (en haut) est une plante aux fleurs roses qui se répand. **L'Epicactus cv. Impello** (à gauche) a des fleurs odoriférantes de tons pastels. **L'Epicactus cv. Pegasus** (ci-dessus) est une grande plante qui demande de l'espace mais qui fleurit pendant plusieurs semaines.

ÉPICACTUS

Lumière et position

Le plein soleil n'est pas bon pour les épicactus. Un endroit clair mais semi-ombragé est idéal.

Engrais

Donner du fertilisant régulier faible directement lorsque les boutons de fleurs apparaissent. Ensuite, continuer jusqu'en septembre.

Amplitude thermique

Fraîche Moyenne Chaude

Une température de 7° C est la plus basse que l'épicactus peut accepter et comme les plantes ne devraient jamais sécher, il est préférable de maintenir la température à 10° C par mesure de précaution.

Entretien saisonnier

Hiver Printemps Été Automne

Après la floraison, les plantes peuvent être placées dehors à l'ombre jusqu'au début de l'automne. Surveiller les insectes nuisibles et se rappeler d'arroser. Ceci aide les branches à maturer et à fleurir la prochaine saison. Boutures à l'été.

Arrosage

Toujours garder les plantes moites. Arroser librement au printemps, mais ne jamais mettre les plantes dans l'eau.

Sol

Les épicactus aiment un mélange composé en parts égales de tourbe, de terreau fait de feuilles et de sable liant, auquel un fertilisant de base a été ajouté.

Epithelantha/Ferocactus/Gymnocactus

L'Epithelantha micromeris (ci-dessus) arbore des fleurs roses et est un des plus beaux cactus miniatures. Employer un sol calcaire riche pour conserver les couleurs distinctives des tubercules.

Epithelantha

L'*Epithelantha micromeris* est le seul membre du genre *Epithelantha*, parce que même s'il y a quelques variétés, il y a plus de chance qu'elles soient seulement des formes locales.

L'habitat de l'*Epithelantha micromeris*, parfois appelé le cactus bouton, couvre un vaste espace, de l'ouest du Texas aux États-Unis en passant par le nord du Mexique.

Le corps de la plante est normalement sphérique, bien que parfois il s'allonge ou se développe en petits groupes. De minuscules épines blanches couvrent la plante; elles sont plus longues vers la couronne. C'est souvent à partir de l'espace laineux sur cette couronne que la fleur s'épanouit.

Les fleurs sont surtout roses, plutôt petites, mais avec plusieurs floraisons simultanées qui sont du plus bel effet. Les capsules de semences qui se développent plus tard sont écarlates, en forme de bâton et contiennent quelques semences noires. Si elles sont semées l'année suivante, elles devraient germer facilement.

Il faut apporter du soin à la culture. L'ensoleillement est important, de même qu'un sol très ouvert auquel on ajoute de la chaux. Un bon drainage évite la pourriture des racines, car les plantes aux racines pivotantes comme l'*Epithelantha micromeris* sont sensibles à un arrosage excessif. Garder complètement sec de la fin octobre à mars. Les boutons apparaissent tôt en avril.

Ferocactus

Le titre générique rappelle la quantité d'épines qui sont apparentes sur toutes les espèces de ce genre populaire.

Le *Ferocatus fordii* est un des cactus les moins connus, trouvé dans un endroit restreint de Baja California au Mexique. Il est aussi un des plus beaux cactus, surtout lorsqu'il est en fleur. Il devient rarement trop gros, ce qui le rend populaire.

Le corps gris vert est globuleux et atteint rarement plus de 13 cm de diamètre. Les côtes horizontales, habituellement au nombre de 21, portent des

EPITHELANTHA

Lumière et position

Un emplacement ensoleillé est important. Le soleil est essentiel à une bonne coloration du corps et des épines.

Amplitude thermique

Fraîche Moyenne Chaude

Conserver la température autour de 10°-12° C durant les mois les plus froids, mais laisser la température monter lorsqu'approche la saison de croissance.

Arrosage

Ne pas arroser de la fin de l'automne jusqu'au début du printemps. Ensuite, arroser modérément et régulièrement.

Engrais

Nourrir à chaque arrosage, sinon les fleurs se développeront lentement.

Entretien saisonnier

Hiver Printemps Été Automne

L'*Epithelantha micromeris* est une plante du désert qui peut être oubliée en hiver, mais au printemps elle doit être stimulée à croître et à produire des fleurs avec un peu plus de soins. Rempoter en été, en s'assurant que le pot se draine bien. Semer en hiver.

Sol

L'epithelantha nécessite un sol propre aux cactus, 30 pour cent de sable liant avec du terreau fait de feuilles et de la chaux.

Le Ferocactus fordii (ci-dessus) est plus petit que la plupart des espèces de ferocactus. Il apprécie le soleil dans son habitat naturel et requiert une excellente lumière pour s'épanouir à l'intérieur.

aréoles espacées de 3 cm. Avec elles se retrouvent environ 15 épines raides, de couleur blanche, qui irradient autour de quatre grandes épines centrales, dont l'une est en forme de crochet et épaisse, d'environ 5 cm de long.

Placez cette plante à l'endroit le plus ensoleillé de votre maison ou de votre serre. Sans un excellent éclairage, les épines perdront leur lustre et la floraison sera affectée. Un bon éclairage contribue à la floraison et maintient les jolies couleurs des fleurs. La majorité des ferocactus produisent des fleurs jaunes, mais le *Ferocactus fordii* s'enorgueillit de fleurs d'un rose rouge profond ou d'un violet pâle, toutes portées au sommet de la plante. Attention à l'arrosage trop abondant. Les plantes ne demandent pas d'eau du début novembre à la fin mars, mais lorsqu'on commence à arroser, il faut ajouter du fertilisant régulièrement.

FEROCACTUS

Lumière et position

Placer les plantes en plein soleil, sinon la couleur des épines s'affadira et la production de fleurs sera moins rapide.

Engrais

Nourrir avec un fertilisant liquide à chaque arrosage. Ne pas fertiliser en hiver.

Amplitude thermique

Fraîche Moyenne Chaude

L'hiver, maintenir une température de 8° C et garder les plantes au sec. Durant la croissance, la température peut monter à 32° C.

Entretien saisonnier

Hiver Printemps Été Automne

Garder la plante sèche durant la saison de dormance est essentiel et s'avérera bénéfique lorsque la nouvelle saison de croissance commencera. Les plantes en croissance ont besoin de beaucoup d'eau et de fertilisant.

Arrosage

Garder les plantes complètement sèches durant l'hiver. En été, arroser tôt le matin, ou tard l'après-midi.

Sol

Les composts pour cactus sont bons, mais il faut ajouter du sable liant. Le mieux est un mélange de terre grasse, de mousse, de sable et de terreau fait de feuilles.

Gymnocactus

Petit genre créé il y a peu d'années, le *Gymnocactus* comprend un certain nombre de plantes inclues originellement sous le *Thelocactus*. Il y a sûrement une affinité étroite, mais les espèces de gymnocactus ont de plus petites fleurs qui poussent à partir de l'aréole bien développée, allongée et ressemblant à un petit sillon.

Le *Gymnocactus vierecki* est une espèce peu commune, mais on la trouve de plus en plus dans les centres horticoles qui la développent à partir de semences. Indigène du Mexique, elle a une tige globulaire densément couverte de longues épines blanc argent, cachant presque les côtes. La tige arbore un bleu vert profond et est couronnée d'une laine blanche vrillée. À travers cette laine, émergent des fleurs dont la couleur inhabituelle contribue à rehausser la beauté de l'espèce.

Bien soigné, le *Gymnocactus viereckii* produira ses cosses de graines rapidement, lesquelles sont sans épine, comme l'ovaire. C'est une caractéristique qui justifie son nom, car 'gymno' signifie 'sans épine'.

Les plantes requièrent un bon éclairage. Elles réussissent bien sur un rebord de fenêtre, mais pas si celle-ci fait face au nord. Garder les plantes au sec durant l'hiver, mais arroser régulièrement pendant la croissance. Fertiliser durant la saison active, pour assurer la floraison.

Le Gymnocactus viereckii (ci-haut) est un cactus mexicain méconnu. La densité des épines obscurcit presque entièrement le corps et constitue une caractéristique de la plante.

GYMNOCACTUS

Lumière et position

Les plantes acceptent le plein soleil, mais un bon éclairage est préférable.

Engrais

Donner du fertilisant faible avec chaque arrosage, mais ne pas fertiliser en hiver.

Amplitude thermique

Fraîche Moyenne Chaude

Essayer de maintenir une température de 10° C en hiver. Ensuite, les plantes peuvent vivre à une température plus haute sans problème.

Entretien saisonnier

Hiver Printemps Été Automne

Rempoter immédiatement après la période de repos. Ne pas trop remplir le pot. Ensemencer tôt au printemps. Surveiller les insectes nuisibles en tout temps.

Arrosage

Garder-les au sec durant la période de dormance. Commencer à arroser en avril. Ne jamais les laisser reposer dans l'eau.

Sol

Faire un mélange à parts égales de terre grasse, de tourbe et de sable liant, ajouter un fertilisant de base.

Heliocereus/Mammillaria

Heliocereus

Ce genre produit certaines des fleurs les plus fascinantes parmi les cactées. Chaque espèce offre des fleurs d'une beauté exceptionnelle, mais l'*Heliocereus speciosus var. superbus* est la première pour la taille, la couleur et l'élégance. Cette variété, ainsi que d'autres espèces d'heliocereus, ont contribué à implanter certaines nuances spectaculaires apparaissant chez les premiers cultivars de l'épicactus.

Le cactus soleil se tient droit et atteint jusqu'à 60 cm. La tige possède six ou sept angles ou côtes et des aréoles proéminentes munies de courtes épines jaune brun. Son habitat est le Mexique central, près de Mexico, dans des endroits ombragés où ses habitudes peuvent être celles d'une plante grimpante. Parfois, elle est un épiphyte prenant racine à l'ombre et donnant des fleurs presque à l'extrémité des tiges au soleil.

Les fleurs sont un élément important de la plante. Elles sont brillantes, rouge pourpre foncé, souvent d'une longueur de 15 cm; dans le monde des cactus, elles n'ont pas d'égales chez les fleurs de même couleur. Les plantes se maintiendront à l'ombre aussi longtemps que leurs fleurs peuvent s'ouvrir au soleil. Elles sont en général faciles à cultiver et ne demandent pas de haute température. Un compost de terreau de feuilles, de tourbe et de sable est recommandé.

L'Heliocereus speciosus var. superbus (ci-haut), communément appelé plante soleil, est natif du Mexique. Les superbes fleurs rouge pourpre que cette plante produit en font un parent populaire pour les cultivars épicactus. Malgré son apparence exotique, cette plante n'est pas difficile à cultiver à l'intérieur.

Mammillaria

Le Mammillaria est, avec raison, un des genres et les plus populaires de la grande famille des cactus. Ce serait une tâche ardue de vouloir montrer une sélection représentative de ces 400 espèces et variétés et même plus. Le cactus coussin, nom commun, est certainement applicable à plusieurs, mais pas à toutes. Certaines espèces produisent librement des coussins, des surgeons plats, d'autres demeurent des plantes solitaires, atteignant des proportions assez importantes. La majorité est native du Mexique et de divers endroits aux États-Unis. Très peu parmi les espèces de choix ont leur habitat naturel dans les Antilles.

Les mammillarias comptent généralement parmi les plantes les moins difficiles à cultiver. Les plantes coussin semblent préférer un bon éclairage au plein soleil. Dans la nature, la majorité des espèces se retrouve près ou même en-dessous des buissons. Cependant, les plantes vivant en solitaires préfèrent le plein soleil. Un arrosage attentif est essentiel pour toutes les espèces, peut-

HELIOCEREUS

Lumière et position

Placer les pots dans la pénombre. Les pointes des tiges pousseront en direction de la lumière et aideront à la production de fleurs.

Engrais

Fertiliser en arrosant. C'est la façon facile d'obtenir des fleurs.

Amplitude thermique

Fraîche Moyenne Chaude

Le cactus soleil devrait être conservé très frais durant l'hiver, autour de 7° C. En commençant au printemps, augmenter la température progressivement de quelques degrés à la fois.

Entretien saisonnier

Hiver Printemps Été Automne

Au printemps, tailler ou émonder la plante si nécessaire. Bouturer en été avant que les boutons de fleurs n'apparaissent; elles feront leurs racines facilement après qu'elles auront produit des callosités. Un arrosage trop abondant en période de grande chaleur peut faire pourrir les racines.

Arrosage

Garder les plantes sèches lorsque la température est basse. Puis, arroser librement lorsque la croissance a recommencé.

Sol

Du terreau de feuilles de tourbe et de sable liant graveleux conviennent bien.

MAMMILLARIA

Lumière et position

Le soleil direct ou une bonne lumière indirecte convient aux mammilarias; trop d'ombre est nuisible.

Engrais

Nourrir avec un fertilisant faible à chaque arrosage.

Amplitude thermique

Fraîche Moyenne Chaude

La température peut être basse, environ 10° C, si les plantes sont gardées complètement sèches en hiver. En période de croissance, elles supportent une température élevée.

Entretien saisonnier

Hiver Printemps Été Automne

Garder les plantes à l'abri des courants d'air en hiver. Rempoter au printemps, avant que les bourgeons de fleurs ne sortent. Les surgeons peuvent être enlevés durant la période de croissance et utilisés pour le bouturage. Ensemencer de la fin de l'hiver au début du printemps.

Arrosage

Lorsque la température n'est pas clémente, l'arrosage peut être réduit. Garder les plantes au sec durant l'hiver.

Sol

Terre grasse, tourbe, terreau de feuilles et de sable liant en parts égales.

être plus pour le cactus coussin, parce que l'eau se maintenant trop longtemps autour de la plante par mauvais temps, risque de faire pourrir les racines. Toutes les espèces demandent un sol vraiment poreux; un bon drainage est une préoccupation majeure.

Le *Mammillaria oliviae* est une des espèces enclines à se regrouper, les surgeons apparaissant vers la base de la plante. Selon l'opinion des botanistes, cette plante est une variété de *Mammillaria microcarpa*, avec lequel elle a une profonde affinité. Elle est native de Sonora dans le nord du Mexique et se retrouve aussi dans la partie sud de l'Arizona.

Le *Mammillaria oliviae* possède beaucoup d'épines blanchâtres, 25 à 35 pour chaque aréole, en plus de trois grandes épines centrales. Les fleurs, d'un rose moyen pâle, en sont la couronne. Elles s'épanouissent pendant quelques semaines à la fin du printemps et au début de l'été. Chaque fleur a près de 3 cm de diamètre et s'épanouit successivement sur une longue période, ce qui la rend populaire. Ses couleurs varient mais les tons de blanc et de violet sont fréquents.

Le Mammillaria mystax (ci-dessus) est une des 400 espèces et plus de mammillaria trouvées au Mexique et aux États-Unis. L'arrangement symétrique de ses tubercules munis d'épines, en des spirales bien visibles, est une particularité surprenante. Dans le *Mammillaria mystax*, les fleurs rouges forment des cercles autour de la couronne. **Le Mammillaria oliviae** (à droite) a l'habitude de se regrouper et il produit de grandes fleurs aux couleurs variées. L'espèce est native du Mexique et du sud-ouest des États-Unis.

Le *Mammillaria mystax* est une des espèces les plus connues. Elles proviennent des hauts plateaux du sud du Mexique, à une altitude de près de 1 800 m. La tige unique, de 30 cm de long, est d'un vert foncé, tirant parfois sur le rouge, et la plante est souvent laineuse sur la couronne. Les tubercules sont symétriques, les aréoles sont blanches et laineuses, surtout sur de jeunes pousses. Les épines peuvent varier en nombre, en dimension et en couleur, mais sont habituellement blanches. Un des aspects les plus plaisants de la plante est l'arrangement des nombreuses fleurs, lesquelles se déploient en rond autour de la couronne. Chacune de ces fleurs, d'un diamètre d'environ 3 cm ou un peu moins est rose rouge, parfois carmin, et s'épanouit au début de l'été.

Le *Mammillaria mystax* a besoin de plus de soleil que le *Mammillaria oliviae*. S'il bénéficie de ces conditions, il fait une excellente plante d'intérieur, se développant bien sur le rebord d'une fenêtre ou dans une serre.

Mélocactus/Neogomesia/Notocactus

Mélocactus

Le cactus chapeau turc compte parmi les premiers à avoir été cultivés et fascine les collectionneurs à cause de ses formes inusitées.

Toutes les espèces connues viennent de l'Amérique du Sud, de l'Amérique Centrale, du Mexique et de plusieurs îles des Antilles. Plusieurs noms spécifiques sont discutables et il est très difficile de déterminer à quelles espèces appartiennent les plantes avant qu'elles atteignent la maturité.

Le mélocactus n'est pas une plante facile à cultiver dans une serre ou à la maison. Il nécessite une température plus haute que les autres sortes de cactus; un minimum de 15° C est nécessaire pour conserver la plupart des mélocactus. Ils doivent être installés dans un bon éclairage avec le plus de soleil possible, parce que dans leur habitat naturel, ils sont constamment exposés au soleil.

Les plantes décrites sont des *Melocactus bahiensis*, une espèce brésilienne. Il faut noter le céphalium (ou couronne) qui pousse lorsque la plante devient adulte et duquel des fleurs rouge rosé émergent.

Neogomesia

C'est un genre controversé créé pour une seule espèce. Son titre commémore un certain Marte Gomez, un gouverneur de Tamaulipas, où le *Neogomesia agavoides* fut découvert.

C'est une plante de montagne venant des pentes de calcaire près de Tula dans l'est du Mexique. Le nom de l'espèce réfère à la taille et à la forme des tubercules allongés, qui ressemblent à la structure d'une feuille d'agave miniature. Les plantes sont très petites, 8 cm environ au-dessus du sol. De couleur vert gris, elles émergent d'un grand rhizome ayant la forme d'une racine pivotante ronde. Les clochettes de fleurs ont 5 cm de long et sont d'un rose rouge qui va de pâle à foncé. Elles proviennent des nouvelles et grandes aréoles laineuses qui se trouvent près des extrémités de la surface supérieure des tubercules.

C'est une plante de collectionneur. Même si elle est connue depuis plusieurs années, elle n'est pas très répandue.

Le notocactus claviceps (à droite) possède des épines jaune blanchâtre et des fleurs à la texture douce qui fleurissent en été.
Le melocactus bahiensis (en bas) est une espèce brésilienne dont les fleurs rouge rose émergent du céphalium de la plante.

NEOGOMESIA

Lumière et position

Le neogomesia agavoides profite du plein soleil et d'une bonne aération.

Engrais

Donner un fertilisant liquide faible en arrosant, de préférence à la base du plant.

Amplitude thermique

Fraîche Moyenne Chaude

Garder une température minimale de 10° C pour éviter les dommages aux racines. Pendant la saison de croissance, les températures peuvent grimper jusqu'à 27-32° C sans inconvénient.

Entretien saisonnier

Hiver Printemps Été Automne

Après la période de dormance, rempoter si nécessaire, mais faire attention à la grande racine pivotante. Un contenant profond est recommandé.

Arrosage

Garder les plantes très sèches durant la période de dormance; arroser peu ensuite. Ne jamais arroser lorsque le sol est humide.

Sol

Un sol très poreux est de la plus grande importance.

d'intérieur. La principale exigence consiste à donner suffisamment de soleil avec une température hivernale d'environ 10° C. On stimulera la croissance et la floraison au printemps et en été, en arrosant les plantes librement et en les fertilisant régulièrement. Les fleurs peuvent durer plusieurs jours. Un compost riche est nécessaire et un terreau composé de feuilles fait des merveilles. En y ajoutant de la tourbe et du sable graveleux en proportions égales, on obtient un sol idéal.

Le *Notocactus claviceps* semble étroitement relié à la populaire espèce *Notocactus leninghausii*, mais possède des caractéristiques distinctes. Les épines du *N. leninghausii* sont jaune doré. Celles du *N. claviceps* sont jaune blanchâtre, plus longues et distribuées en désordre le long des 26 à 30 côtes, séparées entre elles par de profondes dépressions. Les fleurs, décrites comme étant blanc doré, ont à ne pas s'y méprendre un reflet argenté sur leurs pétales doré pâle. Cette espèce habite le Brésil, où on la trouve à une altitude d'environ 2 000 m.

Le neogomesia agavoides (à gauche) a des tubercules allongés et des fleurs en forme de cloches. Cette plante du Mexique est menacée d'extinction.

Notocactus

Le notocactus est un genre très important, populaire et coloré.

L'étendue des couleurs des fleurs de cette plante est limitée aux nuances de jaune et de pourpre, mais ce sont les diverses formes qui captent l'oeil. Toutes les espèces connues viennent de l'Amérique du Sud. Les plantes sont surtout solitaires mais, à maturité, plusieurs des espèces forment des surgeons à la base, développant ainsi de jolis regroupements.

Le notocactus est généralement considéré comme étant un excellent sujet pour la culture

MÉLOCACTUS

Lumière et position

Cette plante a besoin du plein soleil. Elle supportera un tout petit peu d'ombre.

Engrais

Nourrir régulièrement à chaque arrosage entre la fin avril et le début octobre.

Amplitude thermique

Fraîche Moyenne Chaude

En hiver, il est sage de maintenir la température minimale à 15° C. Cette température peut augmenter à 30° C et plus lorsque le mélocactus croît.

Entretien saisonnier

Hiver Printemps Été Automne

Le système des racines qui s'étendent présente des problèmes si le sol sèche trop et souvent. Un arrosage méticuleux est essentiel en tout temps pour éviter à la fois la déshydratation et la pourriture des racines; les deux peuvent survenir.

Arrosage

Le mélocactus sèche facilement, garder les racines humides en hiver. Arroser bien durant la période de croissance.

Sol

Terreau de feuilles, terre grasse et sable liant en parts égales. S'assurer que le mélange est libre de chaux.

Notocactus/Selenicereus/Weingartia

Le *Notocactus uebelmannianus* est une plante plutôt aplatie, globulaire, d'un vert foncé luisant, atteignant 18 cm de diamètre et 13 cm de haut. Les 14 côtes ou plus sont ornées d'épines grises de longueur inégale, certaines pointant vers le haut, d'autres vers le bas, sans dessin défini. Les fleurs d'un riche rouge violacé ont causé un émoi lorsque cette espèce fut découverte il y a quelques années à peine. Cette couleur, en effet, n'est pas commune au genre.

Les fleurs de 5 cm de diamètre s'épanouissent plusieurs à la fois dans la couronne de la plante. Elles sont blanches et des filaments jaunes ornent leur centre, ce qui en fait une espèce magnifique. On la trouve seulement dans un espace très limité au Brésil.

Le notocactus uebelmannianus (à gauche) est remarquable avec ses fleurs rouge violet.
Le selenicereus innesii (ci-haut) est une espèce épiphyte native des Antilles dont les fleurs sont parfumées.

NOTOCACTUS

Lumière et position

Le soleil direct est nécessaire. Puisque ces plantes vivent en altitude, un endroit aéré est recommandé.

Engrais

Les plantes réagissent bien à unenourriture faible à chaque arrosage.

Amplitude thermique

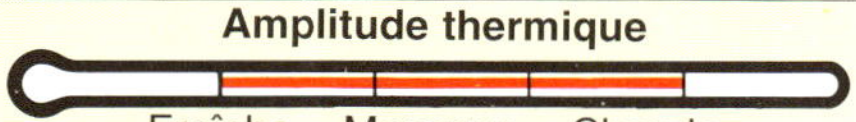

Les plantes peuvent être maintenues à 10° C pendant la dormance, mais lorsque la période de croissance redémarre au printemps, elles bénéficieront de températures élevées.

Entretien saisonnier

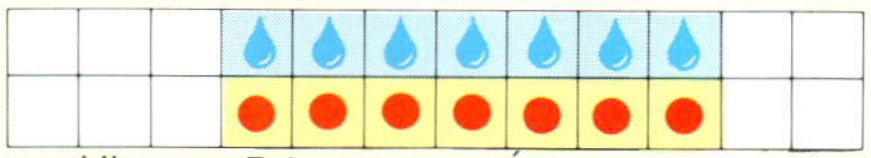

Garder dans un endroit éclairé, aéré en hiver. Rempoter tard au printemps avant que la floraison reprenne.
L'ensemencement peut être fait en hiver.

Arrosage

Garder les plantes sèches en hiver. Arroser, mais pas pendant la mi-journée, ce qui pourrait faire brûler les plantes.

Sol

Le notocactus réussit bien dans un compost riche qui comprend du terreau de feuilles bien déshydraté, de la tourbe et du sable liant. Garder le mélange poreux.

Selenicereus

Toutes les espèces de selenicereus sont complètement ou partiellement épiphytes. Ce sont des plantes grimpantes ou parfois retombantes.

Le *Selenicereus innesii* découvert par l'auteur de ce livre sur le rivage rocheux de l'île de Saint-Vincent aux Antilles est unique dans le monde des cactus. Alors que presque toutes les fleurs de cactus portent à la fois les organes mâle et femelle, certains *Selenicereus innesii* produisent des fleurs dont l'organe est mâle ou femelle.

Il n'y a pas de difficulté particulière à cultiver le *Selencereus innesii*. Chaque fleur de la plante s'épanouit en trompette, sa légère senteur et sa floraison persistent sur plusieurs semaines, surtout à la fin de l'été. Elle s'avère idéale pour un panier suspendu; la plupart des branches pendent, mais certaines sont en position semi-verticale.

SELENICEREUS

Lumière et position

Placer le *Selenicereus innesii* à la semi-pénombre près d'une fenêtre, afin que la plante grimpe vers la lumière.

Engrais

Arroser et fertiliser en même temps; vaporiser les tiges et les branches afin d'améliorer l'apparence de la plante.

Amplitude thermique

Fraîche Moyenne Chaude

En hiver, garder la température fraîche à 13° C. Les plantes aiment une température élevée et une forte humidité pendant la saison de croissance, du printemps à l'automne.

Entretien saisonnier

Hiver Printemps Été Automne

L'émondage et l'entretien général de la plante s'effectuent du début du printemps jusqu'à l'été. Les boutures prises à ce moment-là vont raciner facilement.

Arrosage

Arroser librement durant la croissance et la floraison. Garder les plantes humides pendant la période de dormance.

Sol

Un riche compost auquel une bonne quantité d'humus est ajoutée favorise la croissance. Garder le mélange très poreux.

Weingartia

Le genre *Weingartia* comprend quelques espèces très intéressantes à posséder. Un des Weingartia les plus inhabituels est le *Weingartia multispina*, trouvé en Bolivie, près d'Aiquile, Cochabamba. La tige ou le corps peut atteindre 15 cm ou plus de diamètre et est de couleur vert clair. Au début, il est presque globulaire, mais devient souvent cylindrique à sa maturité. Les aréoles sont réparties également et densément, chacune portant 25 à 30 épines minces, de couleur brune, allant du pâle au foncé, et d'environ 1 cm de long. Les aréoles portent aussi plus de 20 longues épines centrales, de couleur semblable.

Les fleurs symétriques sont nombreuses; de couleur jaune avec un reflet vert, elles se répandent autour de la couronne de la plante.

Dans la culture, cette plante n'est pas commune et requiert une place bien orientée au soleil. Arroser et fertiliser régulièrement durant les mois d'été, mais garder la plante très sèche tout au long de l'hiver. Les variétés aux multiples épines sont sujettes à la pourriture humide si elles sont incorrectement arrosées.

Le Weingartia multispina est un des cactus les plus couverts d'épines.

WEINGARTIA

Lumière et position

Le *Weingartia multispina* requiert constamment un soleil direct. Un bon ensoleillement est insuffisant.

Engrais

Un fertilisant liquide faible devrait être ajouté à chaque arrosage, particulièrement durant les mois les plus chauds de l'année.

Amplitude thermique

Fraîche Moyenne Chaude

Durant la période de dormance en hiver, garder les plantes à une température de 10° C. Augmenter graduellement dès le printemps, lorsque les plantes répondent à la chaleur naturelle de l'été.

Entretien saisonnier

Hiver Printemps Été Automne

Un soin attentif est essentiel en hiver; l'humidité et les courants d'air feront souffrir la plante. Si nécessaire, rempoter en été, ce qui pourrait s'avérer devenir une opération annuelle. Les semences peuvent être plantées en hiver, à une température de 21° C.

Arrosage

Ne pas arroser de la fin de l'automne jusqu'à la fin du printemps. Ensuite, arroser librement, en assurant un bon drainage.

Sol

Employer un terreau fait de feuilles, de la terre grasse et du sable liant en parties égales. Le *Weingartia multispira* aime un substrat acide.

Aloès/Ceropegia

Aloès

Un des premiers genres parmi les plantes grasses, l'Aloès comprend des plantes originaires de diverses parties d'Afrique, d'Arabie et de Madagascar. En réalité, il est un lis gras, possédant plusieurs des caractéristiques de la variété plus familière de la famille des lis. À part quelques exceptions, le feuillage est épais et charnu, répandant de l'humidité s'il est brisé. Sa particularité de plante grasse réside dans ses feuilles, capables d'emmagasiner la nourriture pour survivre à de longues périodes de sécheresse.

L'*Aloe niebuhriana* est une

espèce unique et même si elle fut découverte il y a deux décennies, elle demeure peu connue. Trouvé au Sud Yémen à des altitudes allant jusqu'à 500 m, cette espèce pousse au flanc des collines chaudes et sèches ainsi que dans des vallées basses et semi-arides. Les premières plantes découvertes possédaient des fleurs écarlates. Plus tard, lorsque des plantes de couleur vert jaune furent dénichées, on pensa qu'elles faisaient partie d'une nouvelle espèce. Il est reconnu maintenant que les fleurs peuvent varier mais, indifféremment de la couleur, elles ont la particularité d'être velues, ce qui n'est pas souvent caractéristique de l'espèce africaine.

Les feuilles sont épaisses et vert gris. La rosette comprend de 15 à 25 feuilles aux contours munis de dents brun foncé. La floraison apparaît pendant les premières semaines de l'année, la tige émergeant du côté de la rosette et non du sommet.

Aloe cv. Sabra est un hybride développé par l'auteur de ce

L'Aloe niebuhriana (à gauche) est une des rares espèces arabes cultivées à l'intérieur. Les plantes sont velues et couvertes de fins poils courts. **L'Aloe cv. Sabra** est un hybride florifère qui arbore des fleurs roses à l'automne (ci-haut).

livre, il y a plusieurs années. Il vient de l'*Aloe bellatula*, une espèce aux fleurs roses et de l'*Aloe albiflora*, une des rares plantes à fleurs blanches du genre. Cette dernière se distingue par sa large fleur en forme de cloche d'environ 1 cm de diamètre. Celle de l'*Aloe Bellatula* est plus ronde et cylindrique. Les deux espèces proviennent de Madagascar. L'observation des feuilles révèle leur étroite affinité; la forme, la longueur et la couleur les distinguent peu. Le cultivar qui en résulte retient les feuilles semblables chez les deux parents; les fleurs ont la forme de l'*Aloe albiflora*, mais ont la coloration de l'*Aloe bellatula*.

Leur culture ne présente pas de problème. Les fleurs de l'*Aloe cv. Sabra* commencent à émerger à la mi-septembre et vivent pendant plusieurs semaines. Elles poussent sur des tiges d'environ 30 cm de long; il y a habituellement deux ou trois inflorescences sur chaque plante. S'il est exposé à la lumière, l'*Aloe cv. Sabra* fait une excellente plante fleurie de maison. L'*Aloe niebuhriana* fleurit plus tard et est beaucoup plus grand que l'*Aloe cv. Sabra*, atteignant une hauteur de 90 cm à sa pleine maturité.

ALOÈS

Lumière et position

Un bon éclairage est essentiel, car les fleurs s'épanouissent tard ou tôt dans l'année. L'ombre diminuera la capacité de floraison.

Amplitude thermique

Fraîche Moyenne Chaude

Ne jamais laisser la température tomber sous 10° C et essayer de maintenir une température plus élevée lorsque la période de floraison approche.

Arrosage

Arroser modérément toute l'année, mais ne jamais laisser les plantes reposer dans l'eau ou devenir trop mouillées.

Engrais

Donner un fertilisant liquide faible avec la plupart des arrosages.

Entretien saisonnier

Hiver Printemps Été Automne

Enlever les surgeons en été pour le bouturage. Le faire avec précaution, car certains pourraient avoir des racines. Ensemencer en hiver à une température de 21° C, en couvrant les semences de sable liant.

Sol

Employer un mélange perméable qui comprend de l'humus.

Ceropegia

Il y a peu de groupes de plantes grasses aussi captivantes à l'oeil que les ceropegias. Les racines consistent en des tubes charnus, globulaires ou allongés, produisant de longues tiges vrillées ou rampantes. Les fleurs sont les éléments les plus intrigants des cereopegias et compensent pour les tiges et les feuilles quelconques. Les fleurs ressemblent à d'antiques lanternes et fleurissent dans un amalgame de couleurs rarement observées chez les plantes. Elles sont natives de plusieurs parties d'Afrique, de l'Inde, des Îles Canaries et presque toutes s'adaptent à la vie à l'intérieur. Plusieurs de ces plantes rampent; des tuteurs, des fils ou de minces treillis procurent aux tiges un bon ancrage et permettent aux fleurs de paraître à leur avantage.

Le *Ceropegia adelaidae* est fort probablement une variété du *Ceropegia de-vecchii*, une plante de Somalie. Avec ses marques intrigantes et son contour artistique, presque artificiel, la fleur a un aspect éminent. Elle est produite à partir de jolies tiges tachetées, divisées en de longs entre-noeuds. De ces noeuds émergent parfois de petites feuilles qui se fanent rapidement. La fleur est aussi produite à partir de nodes. La plante provient du nord du Kénya et de la Somalie voisine.

Le *Ceropegia haygarthii* est une jolie espèce rampante et vrillée dont les tiges sont minces et allongées. Des feuilles vertes, à la forme de vigne, poussent en paires à intervalles le long des tiges et sont toujours à l'opposé l'une de l'autre. La fleur est de forme et de couleur stupéfiantes, une trompette tachetée de pourpre, de couleur rose, couronnée par des lobes incurvés qui se fusionnent pour produire une mince colonne en forme de pistil. Cette espèce provient de l'Afrique du Sud.

Le Ceropegia nilotica (ci-dessus), **Ceropegia haygarthii** (ci-dessus à droite) et le **Ceropegia adelaidae** (à droite) produisent des fleurs en forme de lanterne dans lesquelles les insectes pollinisateurs sont souvent captifs. Les insectes sont relâchés lorsque la pollinisation est effectuée.

Le *Ceropegia nilotica* est une plante tropicale de l'Afrique de l'Est. Les tiges charnues à quatre angles poussent de racines tubéreuses. Les feuilles, opposées l'une à l'autre, sont très grasses. De forme ovale, elles s'amincissent en pointe à l'extrémité et persistent après que les fleurs se sont fanées. Les fleurs émergent des aisselles des feuilles supérieures et fleurissent habituellement par deux. Elles sont de couleur brun foncé, avec des marques jaunes.

CEROPEGIA

Lumière et position

Un endroit aéré, clair et occasionnellement ensoleillé encouragera la floraison.

Engrais

Donner une nourriture liquide faible à chaque arrosage, excepté l'hiver.

Amplitude thermique

Fraîche Moyenne Chaude

Garder les plantes à 10°-12° C en hiver. Ensuite, maintenir dans des conditions raisonnablement chaudes.

Entretien saisonnier

Hiver Printemps Été Automne

Émonder les pousses et les tiges tôt l'été; les rejets peuvent être utilisés pour le bouturage. Ensemencer en hiver à 21° C ou un peu plus. Couvrir les semences avec du sable liant.

Arrosage

Arroser légèrement en hiver; la sécheresse complète n'est pas recommandée. Arroser modérément durant les autres périodes.

Sol

Employer de la tourbe, du terreau de feuilles et du sable graveleux en parties égales. Ajouter seulement un peu de terre grasse; le sol doit être poreux.

Crassule/Euphorbe/Hoya

Crassule

Avec ses 300 espèces, c'est le plus grand genre de plantes de la famille des crassulacées. Certaines espèces sont grandes et ressemblent à des bosquets; d'autres ont des feuilles très compactes de la forme d'une colonne miniature de seulement 5 cm de haut. Les feuilles poussent toujours en opposition et les fleurs naissent habituellement en panicules.

Le *Crassula falcata* est originaire de l'Afrique du Sud et peut pousser à une hauteur de 1 m lorsqu'il est en fleurs. Ses fleurs sont très belles.

Un certain nombre d'hybrides résultent du *Crassula falcata* et sont probablement le produit d'une pollinisation croisée avec le *Crassula perfoliata*. Comme réplique miniature de ce dernier, le *Crasula falcata hyb.* est devenu une plante très utile. Il arbore les caractéristiques de l'espèce, la forme des feuilles et la couleur des fleurs, mais pousse rarement plus haut que 30 cm. D'origine hybride, il peut seulement se reproduire de façon végétative. Deux méthodes sont possibles en prenant des sections de tige ou des sections de feuille. Cette dernière méthode est plus lente mais plus satisfaisante.

CRASSULE

Lumière et position

Le *Crassula falcata* apprécie la lumière vive. Attention à l'ombre trop prononcée et aux courants d'air.

Engrais

Fertiliser les plantes à chaque arrosage, en donnant une solution faible.

Amplitude thermique

Fraîche Moyenne Chaude

En hiver, maintenir les plantes à environ 13° C. Durant la saison de croissance augmenter la température selon le besoin.

Entretien saisonnier

Hiver Printemps Été Automne

Émonder les plantes au printemps. Les boutures peuvent être faites au début de l'été et tenues à l'ombre pendant qu'elles s'enracinent. L'ensemencement se fait au début de l'automne, à 21° C, jusqu'à ce que la germination en soit affectée. Alors donner un bon éclairage et de l'aération.

Arrosage

Garder les plantes complètement sèches en hiver, mais si la température est au-dessus de 13° C, les arroser au niveau du sol.

Sol

Mêler la tourbe, le terreau de feuilles et le sable liant en parties égales. Un peu de terre grasse sera utile.

Le Crassula falcata hyb. (en haut) est embelli de fleurs qui durent longemps. Il est plus petit et plus maniable que son parent pour la culture intérieure. **L'Euphorbia flanaganii** (ci-dessus) possède un caudex dont la tête est couronnée de branches qui s'étendent. À cause de sa forme, on dit de cette espèce qu'elle a une tête de méduse.

EUPHORBE

Lumière et position

Le plein soleil ou l'ombre partielle conviendra à cette espèce qui nécessite de l'aération.

Engrais

Donner du fertilisant faible à chaque arrosage lorsque les plantes sont en pleine croissance.

Amplitude thermique

Fraîche Moyenne Chaude

En hiver, une température minimale de 13° C est la plus indiquée. Pendant les autres saisons, une température élevée stimulera la croissance

Entretien saisonnier

Hiver Printemps Été Automne

Vérifier la possibilité de pourriture aux racines si la température devait baisser plus bas que 13° C. Raviver la croissance des plantes au printemps. Prendre des boutures en été. Tremper dans l'eau tiède pour arrêter le 'saignement'; planter les boutures lorsqu'elles ont fait des callosités. Ensemencer tôt au printemps.

Arrosage

Garder les plantes suffisamment sèches, à peine humides en hiver. Arroser abondamment durant la croissance.

Sol

Terre grasse, tourbe et sable graveleux en parts égales, et humus.

Le Hoya multiflora (ci-dessus) est cultivé comme plante d'intérieur depuis peu. Il est une des nombreuses espèces de plantes grasses dans le genre *Hoya*.

Euphorbe

L'*Euphorbia*, un des genres de plantes les plus grands, comprend plus de 2 000 espèces différentes. Un certain nombre d'entre elles sont des plantes grasses, principalement celles trouvées en Afrique, à Madagascar, en Arabie, dans le sous-continent indien et dans certaines parties de l'Amérique Centrale et du Sud. Leurs formes étranges, parfois grotesques, attirent l'attention, mais pas plus que les nombreuses espèces dont la croissance est parfaitement symétrique.

L'*Euphorbia flanaganii* croît en Afrique du Sud. Il a un caudex bas, sous-cylindrique, juste au-dessus du niveau du sol, couronné de deux ou trois rangées de branches plus ou moins érectiles, installées autour de la tête. Les branches plus vieilles ont tendance à s'étendre et contribuent à créer la forme intéressante décrite. L'inflorescence ou cyathium est une caractéristique du genre entier, certains ont des fleurs mâles et femelles sur le même plant, d'autres sont unisexués.

Tous les euphorbes ont une dangereuse sève blanche qui coulera si la plante est blessée. S'assurer que cette sève ne touche pas à la peau ou à des parties sensibles du corps.

Hoya

Les hoyas sont caractérisés par des fleurs charnues ressemblant à de la cire. Quelques espèces, comme le *Hoya carnosa* et le *Hoya bella* sont l'orgueil des plantes d'intérieur depuis de nombreuses années. Le *Hoya multiflora* est une autre espèce qui orne plusieurs maisons.

Il semble y avoir deux formes du *Hoya multiflora*. Une est grimpante, l'autre a l'allure d'un buisson, mais les feuilles et les fleurs sont identiques. Les grandes feuilles ont l'aspect du cuir et sont vert foncé, souvent maculé de blanc. Les fleurs s'épanouissent en groupes, comptant 25 à 30 fleurs individuelles. La fleur de couleur paille avec un centre brun, a un parfum sucré et dure longtemps.

Comme le *Hoya carnosa*, le *Hoya multiflora* demande un support. Sinon la plante va dans toutes les directions et perd son attrait. Émonder minutieusement au printemps.

HOYA

Lumière et position

En plein soleil, les feuilles ont tendance à tourner au brun. Le *Hoya multiflora* préfère un bon éclairage, mais indirect.

Engrais

Appliquer du fertilisant liquide faible à chaque arrosage, surtout lorsqu'apparaissent les bourgeons des fleurs.

Amplitude thermique

Fraîche Moyenne Chaude

Hiverniser à environ 16° C. En été, la chaleur est propice aux feuilles et aux fleurs. Les températures sous 18° C donneront des résultats désastreux.

Entretien saisonnier

Hiver Printemps Été Automne

Attention de ne pas trop arroser en hiver; les plantes ne le supporteraient pas. Émonder à l'été; les morceaux coupés peuvent servir au bouturage, mais les plonger d'abord dans l'eau pour que la sève cesse de couler.

Arrosage

Garder les plantes à peine humides durant les mois froids et modérément humides le reste de l'année.

Sol

Un sol riche composé en parties égales de terre grasse, de terreau de feuilles, de tourbe et de sable liant est le plus adéquat.

Huernia/Ipomée/Lampranthus

HUERNIA

Lumière et position

Le *Huernia verekeri* demande un bon éclairage en hiver et de l'ombre moyenne pendant les périodes de croissance.

Engrais

Fertiliser occasionnellement en arrosant. Trop de fertilisant ou une utilisation répétée peut être dommageable.

Amplitude thermique

Fraîche Moyenne Chaude

La température la plus basse devrait être de 10° à 16° C. Durant les fortes température d'été, mettre les plantes à l'ombre pour éviter les brûlures et la déshydratation.

Entretien saisonnier

Hiver Printemps Été Automne

Un entretien constant doit être donné au Huernia verekeri, parce que les plantes ne sont jamais totalement dormantes, surtout si les températures suggérées sont appliquées. Prendre des boutures à partir des tiges en été. L'ensemencement se fera au début du printemps.

Arrosage

Il est préférable d'arroser vers les racines plutôt que vers le haut. Garder le sol à peine humide en hiver.

Sol

Terreau de feuilles, tourbe et sable graveleux en parts égales est recommandé.

Huernia

C'est un genre important de la famille des asclépiadacées. Il y a beaucoup d'espèces dans ce genre et on les trouve toutes dans une superficie qui s'étend de l'Afrique du Sud à l'Éthiopie. Elles appartiennent à la famille des plantes à suc laiteux, se développent comme des plantes coussins, les tiges et les branches secondaires s'étendant et faisant des racines continuellement; elles atteignent rarement plus de 5 cm. Les tiges des différentes espèces sont en général très semblables, mais les fleurs varient et présentent un arrangement élaboré de couleurs et de formes.

Le *Huernia schneiderana* fut découvert il y a plusieurs années par un missionnaire hollandais du nom de *Justus Huernius*. Son habitat s'étend du Malawi au Mozambique.

La tige du *Huernia schneiderana* pousse remarquablement vite. Les minces tiges cylindriques vertes forment rapidement un groupe compact. Chacune mesure environ 6 cm de long, bien qu'elles puissent pousser davantage lorsqu'on les cultive. Elles ont de cinq à sept angles et des dents acérées peu visibles.

Les fleurs en forme de cloche sont peu profondes, ont environ 3 cm de diamètre, et apparaissent à la base de la tige vers la fin de l'été. À l'extérieur, leur couleur est brun fade; à l'intérieur, le pourpre noir est velouté et leurs lobes se déroulent pour montrer leur riche couleur. Les plantes conviennent à la maison et à la serre. Elles ont besoin d'un bon éclairage et d'un arrosage fréquent pendant la saison de croissance.

Le *Huernia verekeri* vient du sud du Zimbabwé, à la frontière du Mozambique. Les tiges sont toujours petites, d'environ 4 cm de haut et ont cinq à sept angles portant des dents triangulaires et pointues. La floraison se fait à

Le Huernia verekeri (ci-haut) possède des fleurs dont les lobes pointus sont couverts de minuscules poils pourpres. **Le Huernia schneiderana** (en haut à droite) a des tiges charnues et des fleurs produites de façon basilaire. Il illustre la façon dont croissent les espèces de huernia.

la base de la tige où l'on voit une à trois fleurs pour chaque tige. Le petit format de la tige est plus que compensé par le dessin exotique de la fleur.

Les fleurs s'épanouissent vers le milieu ou la fin de l'été, parfois un peu plus tôt. Il est important de garder une bonne humidité autour des racines durant cette période, alors que l'absorption d'eau et de nutriments est à son maximum.

Ipomée

C'est un très vaste genre d'à peu près 400 espèces, dont plusieurs sont originaires des régions subtropicales et tropicales. Elles ne sont pas toutes des plantes grasses, et celles qui le sont doivent être appelées plantes à racines grasses, à cause de leur système racinaire souvent gros et tubéreux.

L'*Ipomoea holubii* est une plante à racines grasses de l'Afrique du Sud qui était, jusqu'à tout récemment, comprise dans le *Merremia*, un genre de plantes exotiques de la famille des convolvulacées. À l'état sauvage, il pousse dans les cailloux de la savane. L'ensemble de son caudex rond

est habituellement à environ 10 cm sous terre. Seules les minces feuilles à l'allure de gazon, aplaties sur le sol, sont visibles. À cause de cette ressemblance, les plantes n'attirent pas l'attention avant qu'elles ne produisent leurs fleurs brillantes. Celles-ci auront des couleurs variées allant du pourpre profond aux nuances beaucoup plus pâles des pastels.

La plante n'est pas difficile à cultiver. Cependant, le caudex ne devrait pas être enterré mais exposé au niveau du sol. Ceci afin de prévenir la pourriture.

L'Ipomoea holubii (à gauche) arbore de grandes fleurs produites librement. **Le Lampranthus conspicuus** (ci-haut), une espèce aux branches fournies, est remarquable pour ses fleurs rouge violet.

Seule la base est dans le sol et les racines se développent facilement, suivies des feuilles et des fleurs. Des fleurs aux couleurs vives sont suivies par les cosses rondes à l'aspect de cuir qui contiennent les graines.

Lampranthus

Ce genre qui comporte plus de 200 espèces produit des fleurs vives et luisantes. Le nom générique illustre ce fait remarquable: 'lampros' signifie 'brillant' et 'anthos' veut dire fleurs. Presque toutes les espèces sont originaires de la province du Cap en Afrique du Sud.

On pense que le *Lampranthus conspicuus* provient de la région d'Albanie, mais ce n'est pas certain. C'est une espèce qui fait des branches denses qui, avec les tiges épaisses, atteignent 30 cm ou plus de longueur. Les feuilles sont épaisses et charnues, de forme cylindrique se rétrécissant vers les pointes. Elles apparaissent en nombre au bout des branches. Les fleurs sont l'attrait principal. D'un rouge violet riche, elles brillent de façon presque iridescente et s'épanouissent du début à la fin de l'été. Généralement, la plante ne donne qu'une seule fleur, mais parfois elle en produit deux ou trois.

Si elles sont placées en plein soleil, les plantes réussiront bien dans la maison ou la serre. Elles peuvent servir de platebandes dans le jardin lorsque l'été est clément.

IPOMÉE / LAMPRANTHUS

Lumière et position

Le plein soleil ou une bonne lumière indirecte sont essentiels.

Engrais

Utiliser un très faible fertilisant liquide en arrosant.

Amplitude thermique

Fraîche Moyenne Chaude

En hiver, 10° C. Les températures peuvent grimper à partir du printemps sans effet négatif.

Entretien saisonnier

Hiver Printemps Été Automne

Émonder chaque printemps, les rejets pouvant servir au bouturage. Ensemencer en hiver à une température de 21° C dans un sol sablonneux.

Arrosage

Garder les plantes sèches en hiver. Arroser modérément pendant la saison de croissance, mais attention aux "pieds" mouillés.

Sol

Employer un mélange de terre grasse, de sable graveleux et de terreau de feuilles; le sable sera en proportion plus élevée.

Luckhoffia/Pachypodium

Luckhoffia

L'espèce *Luckhoffia beukmanii* est une plante rare et le seul membre de ce genre monotype. Il est intéressant de noter que son nom commémore le découvreur de la plante, C. Beukman, et l'auteur du genre, le Dr. J. Luckhoff. Elle fut localisée pour la première fois dans les montagnes Pakhuis en Afrique du Sud et considérée comme une nouvelle espèce de stapélie, nom sous lequel elle fut tout d'abord inventoriée. Même si la saison de floraison est exceptionnellement longue dans son habitat naturel, elle est relativement courte en culture.

C'est une plante très grande; les tiges sont de 76 cm de haut et de 3 cm de diamètre. Les tubercules comprimés, vert gris, donnent une proéminence supplémentaire aux tiges munies de huit angles. Les fleurs sont variables, d'un brun pâle densément marqué de jaune, mais parfois brun rouge profond, sur des pédicelles de 3 cm de long.

LUCKHOFFIA

Lumière et position

Le plein soleil est d'une importance primordiale pour le *Luckhoffia beukmanii*; même la lumière vive n'est pas suffisante.

Engrais

Donner un fertilisant faible durant tout l'été lors de l'arrosage.

Amplitude thermique

Fraîche Moyenne Chaude

Toujours garder la température à un minimum de 18° C. La plante est sensible au refroidissement, mais la chaleur leur permet de croître et de fleurir.

Entretien saisonnier

Hiver Printemps Été Automne

Toujours essayer de garder la plante dans l'endroit le plus clair et le plus aéré possible. Les boutures peuvent être prises en été et cultivées à une température de 25° C dans un sol très sablonneux. Ensemencer tôt au printemps à 25° C.

Arrosage

Arroser avec soin en hiver; garder le sol à peine humide pour empêcher les racines de sécher. Arroser copieusement en été.

Sol

Mêler à parties égales du terreau de feuilles, de la tourbe et de la terre grasse à du sable graveleux en quantité équivalente.

Elle est proche des espèces du genre *Hoodia*, un autre genre de plantes de forme cylindrique. Comme le hoodia, le Luckhoffi beukmanii n'est pas facile à cultiver mais il réussira bien à l'intérieur, dans une atmosphère sèche. L'arrosage excessif amène le pourrissement des racines; ne pas trop arroser.

Pachypodium

Le *Pachypodium bispinosum* est une des espèces d'un genre renommé pour ses plantes extraordinaires. Leur habitat s'étend dans les régions sèches d'Afrique du Sud, de Namibie, d'Angola et de Madagascar. Ce sont des plantes droites aux feuilles en spirale et qui

Le Luckhoffia beukmanii (ci-haut) est une espèce demandant une attention soutenue. Elle a besoin du plein soleil et beaucoup d'eau durant la croissance. **Le Pachypodium bispinosum** (à droite) arbore des fleurs roses, en forme de cloche qui apparaissent en été.

Pélargonium

ressemblent à des arbustes. Toutes les espèces ont des tiges charnues en forme de caudicule, ceci signifiant que les plantes ont un système racinaire possédant un caudex.

Le *Pachypodium bispinosum* d'Afrique du Sud est une des espèces possédant un caudex. Le caudex est surtout souterrain, situé souvent complètement sous le niveau du sol. C'est un amas de branches vert foncé, bien munies de piquants et ensuite de petites fleurs roses en forme de cloche. Il existe une plante similaire, originaire du même endroit, le *Pachypodium saundersii*, aux fleurs blanches et à la croissance variable.

Le *Pachypodium bispinosum* réagit bien à la culture et sera très fleurie avec des soins attentionnés. Pour que la plante pousse à l'intérieur, il faut savoir quand arroser et, tout aussi important, quand ne pas arroser.

Pélargonium

On peut être étonné que l'espèce pélargonium soit incluse dans les plantes grasses. Un grand nombre des plantes de ce genre sont très grasses, d'autres pas du tout et certaines tombent dans une catégorie mixte. Le *Pelargonium violareum* ou géranium violacé est l'une de ces plantes. Il est compris dans cette catégorie principalement à cause de ses agréables fleurs et parce qu'il est rarement mentionné dans les livres de botanique.

Le *Pelargonium violareum* est originaire du de la province du Cap en Afrique du Sud, où il croît à environ 35 cm de haut sur des collines rocailleuses et sablonneuses. La plante est petite, d'apparence touffue; les tiges et les branches sont densément couvertes de petites feuilles velues vert gris aux bordures dentelées. Les fleurs, de toute évidence, distinguent la plante; les pédicelles portent deux à quatre fleurs aux couleurs particulièrement inusitées. Les trois pétales inférieurs sont blanc presque pur alors que les deux pétales supérieurs sont rouge rubis.

Dans son habitat, la plante fleurit en automne, mais en culture, les fleurs s'épanouissent durant plusieurs semaines en été.

PÉLARGONIUM

Lumière et position

Le plein soleil ou un endroit très lumineux est idéal pour le *Pelargonium violareum*.

Engrais

Durant la croissance seulement, donner un fertilisant faible lors de l'arrosage.

Amplitude thermique

Fraîche Moyenne Chaude

Durant l'hibernation maintenir une température de 10° C. Durant l'été, la température peut monter naturellement sans danger pour les feuilles et les fleurs.

Entretien saisonnier

Hiver Printemps Été Automne

Il n'est pas indiqué de laisser les racines sécher, parce qu'elles se déshydratent facilement. Tailler les plantes tôt au printemps lorsque les morceaux des pousses adultes peuvent être employés pour le bouturage. L'ensemencement devrait être fait tôt dans l'année dans un sol sablonneux et à une température de 21° C.

Arrosage

Garder les racines des plantes un peu humides en hiver. Arroser régulièrement du printemps à la fin de l'automne.

Sol

Composé en parties égales de terreau de feuilles, de terre grasse et de sable.

Le Pelargonium violareum (en bas) est une plante saisissante, qu'elle soit cultivée dans un endroit ensoleillé à l'intérieur ou dans une plate-bande du jardin durant les mois les plus chauds. Cette plante de l'Afrique du Sud porte des fleurs d'une beauté exceptionnelle, qui fleurissent en été.

Pélargonium/Plumiera/Pterodiscus

Le *Pelargonium oblongatum* qui pourrait être renommé sous peu *Pelargonium ensatum*, se trouve au Namaqualand en Afrique du Sud, où il pousse à des altitudes de 300 à 900 m sur les pentes des montagnes Langehoof.

Il est un excellent représentant des plantes à tiges grasses. Il possède une base arrondie, tubéreuse, tout juste au-dessus du niveau du sol, couverte de minces couches de peau brunâtre. Les quelques feuilles de forme ovale, devenant pointues aux extrémités, viennent de tiges velues et précèdent les fleurs.

Les fleurs apparaissent en ombrelles sur des tiges d'environ 30 cm de long. Les pétales larges et ronds de couleur jaune pâle et les deux du haut portant des lignes rouge pâle, font partie d'une fleur inhabituelle. En culture, il est probable que les feuilles tomberont avant que les fleurs n'apparaissent.

Cette plante est recommandée pour la culture en pot, mais ne pas rempoter trop fréquemment car elle semble préférer que ses racines soient à l'étroit. Suivre cette suggestion pour les autres espèces de pélargonium dont les tiges ont une croissance similaire. La floraison se fait de la fin de l'été à l'automne.

Le Pelargonium oblongatum (à gauche) est une plante à 'tige grasse'. Les feuilles se fanent toujours avant que les bourgeons de fleurs apparaissent. **Le Plumiera acutifolia** (ci-haut) produit des fleurs au parfum exquis.

Plumiera

Le genre *Plumiera* comprend seulement quelques espèces, qui sont toutes en forme d'arbustes ou d'arbres. La tige principale ou tronc est très grasse, épaisse et charnue et fait des branches; elle peut atteindre une hauteur de 2,4 m. Cependant, une taille soigneuse contiendra cette croissance de manière à convenir à un décor intérieur. Le *Plumiera acutifolia* est une plante bien connue de quiconque voyage dans des pays tropicaux et subtropicaux. Originaire du Mexique et de certaines îles des Antilles, le frangipanier aussi appelé le jasmin des Antilles est devenu une importante plante cultivée dans plusieurs parties de l'Extrême Orient. En Inde, on l'appelle 'l'arbre du temple indien'. Elle fut d'abord décrite comme le *Plumiera acuminata* et même maintenant des doutes subsistent quant au nom approprié.

Les fleurs se développent rapidement sur des plantes jeunes, peu feuillues, ayant trois

PÉLARGONIUM

Lumière et position

Un bon éclairage est nécessaire au *Pelargonium oblongatum*; l'ombre affecte les habitudes de la plante.

Engrais

Donner un fertilisant faible avec chaque arrosage du printemps à l'automne.

Amplitude thermique

Fraîche Moyenne Chaude

Durant l'hibernation, maintenir la température à 13° C. Au début du printemps, hausser progressivement la température. Donner de l'ombre seulement si la température est trop haute, à plus de 30° C.

Entretien saisonnier

Hiver Printemps Été Automne

S'assurer que les racines ne sont pas déshydratées ou pourries en hiver par manque des soins prescrits plus haut. L'ensemencement peut être fait tôt au printemps ou immédiatement après le mûrissement. La température devrait être de 22-25° C.

Arrosage

Arroser librement au-dessus ou au-dessous durant la croissance. Garder les racines légèrement humides en hiver.

Sol

Terreau de feuilles et terre grasse en parts égales pour égaler la masse de sable liant.

ou quatre ans. Les fleurs odoriférantes en forme d'entonnoir sont d'aspect ciré, d'un blanc légèrement teinté de jaune.

Le frangipanier est de plus en plus disponible. Le genre comporte d'autres espèces aux fleurs de couleur rouge, crème ou jaune, toutes nécessitant la même attention.

Pterodiscus

C'est un très petit genre de plantes africaines, dont aucune ne pousse à plus de 30 cm de haut. Les espèces plus grasses ont habituellement un système racinaire charnu et cette caractéristique est propre au *Pterodiscus speciosus*. Elle est une des deux ou trois espèces originaires d'Afrique du Sud, les autres provenant surtout d'Afrique de l'Est.

Le *Pterodiscus speciosus* a un habitat très étendu, allant de Griqualand ouest dans la province du Cap au Transvaal. La tige plutôt ronde, souvent informe, se développe à partir de la racine pivotante souterraine et grandira jusqu'à 15 cm, donnant plusieurs feuilles. Ces dernières sont habituellement étroites et allongées, dentelées sur leurs bordures et atteignant de 3 à 5 cm de long. Les fleurs s'épanouissent au début de l'été et la floraison peut durer pendant quelques semaines. Les fleurs rouge pourpre éclosent près de l'extrémité des tiges.

C'est une plante décidue. Les feuilles sèchent à la fin de l'été et la plante devient presque entièrement dormante en octobre. Il y a deux espèces étroitement reliées, aux caractéristiques presque identiques, le *Pterodicus luridus*, aux fleurs jaune rouge et le *Pterodiscus aurantiacus* intensément jaune.

PLUMIERA

Lumière et position

Le *Plumiera acutifolia* ne devrait pas être placé à l'ombre. Un éclairage indirect suffira, mais le soleil permettra l'éclosion de fleurs.

Engrais

Fertiliser régulièrement avec une nourriture liquide en arrosant.

Amplitude thermique

Fraîche Moyenne Chaude

Garder la température à 10° C durant l'hiver, car plus basse elle entraînera la perte des feuilles. Hausser la température tôt au printemps et la maintenir haute en été.

Entretien saisonnier

Hiver Printemps Été Automne

La taille doit être faite au printemps. Les boutures seront prises en été. Les semences plantées en hiver à une température de 21° C germeront rapidement.

Arrosage

Garder le sol légèrement humide durant l'hibernation. Arroser librement pendant la croissance.

Sol

Employer un terreau de feuilles, de la tourbe et du sable liant en parties égales.

Le Pterodiscus speciosus (ci-haut) est une des espèces les plus rares en culture. Cette plante d'Afrique du Sud produit des fleurs rouge pourpre.

PTERODISCUS

Lumière et position

Le plein soleil ou une lumière vive est essentiel.

Engrais

Lorsque les feuilles commencent à apparaître, nourrir les plantes avec un fertilisant liquide faible en arrosant.

Amplitude thermique

Fraîche Moyenne Chaude

Maintenir la température à 10° C même en période de dormance. Durant la croissance, de très hautes températures accéléreront la croissance des feuilles et des fleurs.

Entretien saisonnier

Hiver Printemps Été Automne

S'assurer que les racines pivotantes ne se dessècheront pas en hiver. Enlever les fleurs et les feuilles mortes à la fin de l'été. Les semences sont rarement disponibles, mais lorsqu'elles le sont, il est préférable d'ensemencer tôt au printemps à une température de 21-25° C.

Arrosage

Les racines devraient être sèches en hiver. Dès le printemps, augmenter l'arrosage. Ne pas arroser sans retenue cependant.

Sol

Utiliser un mélange de terre grasse et de sable. L'ajout d'humus est avantageux.

Stapélie/Stultitia/Tacitus

Stapélie

Il y a de nombreuses espèces dans le *Stapelia*, un des plus grands genres de la famille des asclépiadacées. Plusieurs espèces sont similaires à la fois dans l'apparence de la tige et de la fleur.

Même s'il pousse lentement, le *Stapelia erectiflora* possède des mérites exceptionnels. Les tiges atteignent souvent 15 cm de long et 1 cm de diamètre. Les fleurs poussent sur un pédicelle ou tige de 5 à 10 cm de long. Les lobes de la corolle de la fleur sont fermement incurvés, créant un effet de bonnet. Les lobes sont surtout pourpres et les poils blancs couvrant densément la plante lui donnent un bel effet très particulier. Cependant, la fleur n'est pas grande: recourbée, elle atteint seulement 1 cm de diamètre.

Cette plante, comme la majorité des espèces de stapélies, vient d'Afrique du Sud. Les exigences de culture sont les mêmes que pour les huernias, la chaleur est préférable à la fraîcheur, l'aération est bénéfique. On ne recommande pas une période de dormance complète, parce que les racines peuvent se déshydrater rapidement et la plante prendrait beaucoup de temps à se remettre du dommage et du dessèchement des tiges. De toute façon, on la recommande comme plante d'intérieur parce qu'elle réussit mieux dans l'air sec d'une maison que dans une serre.

Le Tacitus bellus (en haut) est une espèce originaire du Mexique, découverte récemment. Des feuilles compactes et des fleurs brillantes s'unissent pour rendre cette plante grasse naine exceptionnellement plaisante pour l'oeil. Des groupes de fleurs apparaissent au printemps et à la fin de l'été; il peut y en avoir jusqu'à 10 sur une tige.
Le Stultitia cooperi (ci-haut) est une espèce miniature dont les fleurs ont la forme d'une étoile pourpre. Il est idéal pour la culture d'intérieur.

STAPÉLIE

Lumière et position

En hiver, donner au *Stapelia erectiflora* une bonne lumière et de l'aération. Les plantes ont besoin de demi-pénombre en été.

Engrais

Donner un fertilisant liquide faible périodiquement en arrosant.

Amplitude thermique

Fraîche Moyenne Chaude

Garder la température minimale à 10° C en hiver, un peu plus si possible. La température élevée favorise la croissance en été, mais la plante a besoin d'ombre. Il faut augmenter la température au printemps.

Entretien saisonnier

Hiver Printemps Été Automne

Surveiller les signes de pourrissement des racines ou de la tige. La pourriture surviendra si le traitement est inadéquat. Bouturer à l'été. Ensemencer au printemps à 21-25° C dans un sol très sablonneux. Les semences germent rapidement.

Arrosage

Le sol sera légèrement humide en hiver. Au printemps, augmenter graduellement l'apport en eau, un excès serait fatal.

Sol

Employer de la tourbe, du terreau de feuilles et de la terre grasse en parties égales avec du sable liant. Ajouter un peu de charbon.

Stultitia

C'est un très petit genre de plantes sud-africaines étroitement lié au genre *Stapelia*. La différence principale est l'anneau prononcé autour de l'ouverture de la fleur du stultitia.

Le *Stultitia cooperi* est une des plus petites plantes du genre. Les tiges sont droites et ont seulement 3 cm de long. Les tiges à quatre angles sont plus prononcées et elles sont caractérisées par des protubérances rondes et pointues. Les fleurs émergent au bas de la tige. Plusieurs boutons peuvent apparaître en même temps, mais habituellement les bourgeons s'épanouissent un ou deux à la fois. La fleur naît sur un pédicelle et lorsqu'elle est complètement épanouie en forme d'étoile, son diamètre est de 3-4 cm. Elle est pourpre et arbore des lignes et des taches de couleurs différentes; les bordures des lobes sont velues.

Le *Stultitia cooperi* porte une cosse de graines à la forme de corne. Dans cette corne se trouvent de nombreuses graines plates, chacune munie d'un petit parachute. Les parachutes contribuent à la dispersion des graines lorsque la corne est mûre. Ces plantes sont originaires de l'Afrique du Sud.

Tacitus

Le *Tacitus bellus* est devenu une plante très recherchée. C'est la seule espèce du genre *Tacitus* et elle est considérée proche et inséparable du genre *Graptopetalum*, une plante aux rosettes grasses. *Tacitus* est toujours le nom générique le plus commun.

La plante fut découverte à une altitude proche de 1 600 m sur les pentes du Sierra Obscura au Mexique. La plante porte une rosette de feuilles vert gris foncé, très compactes, à la surface presque plate. Les fleurs sont produites par dizaine en petits groupes sur des tiges de 3 à 5 cm de long. Elles s'ouvrent au printemps ou au début de l'été, en succession. Les pétales rose rouge vif, largement étalés, sont surmontés d'étamines blanches, également étalées, ce qui fait de cette plante une des plus belles parmi les petites plantes grasses.

La popularité du *Tacitus bellus* a été phénoménale. La culture n'est pas difficile. Puisqu'il vit à haute altitude, il supporte des hivers froids et secs.

STULTITIA

Lumière et position

Le *Stultitia cooperi* requiert un plein soleil durant l'hiver. Le reste du temps, le garder dans un endroit mi-ombragé.

Engrais

Pendant la saison de croissance, fertiliser en arrosant, mais avec une solution faible.

Amplitude thermique

Fraîche Moyenne Chaude

En hiver, garder les plantes à environ 10°C. Lorsque la température monte, protéger la plante du plein soleil.

Entretien saisonnier

Hiver Printemps Été Automne

Vérifier la possibilité de pourriture des racines et de la tige, surtout pendant la saison froide lorsque les plantes doivent être gardées plutôt sèches. Les boutures seront prises en été. Ensemencer dès que la germination est possible. Un compost très sablonneux est nécessaire.

Arrosage

Garder le sol légèrement humide en hiver. Au printemps, arroser modérément, en réduisant vers la fin de l'automne.

Sol

Mêler en parties égales de l'humus, de la tourbe et du sable liant.

Le Stapelia erectiflora (ci-contre) produit des fleurs extraordinaires. Les lobes de la corolle sont densément couverts de poils blancs, masquant la couleur pourpre des lobes.

TACITUS

Lumière et position

Placer le *Tacitus bellus* en plein soleil ou dans une lumière vive.

Engrais

Pendant la croissance, donner un fertilisant liquide faible à chaque arrosage.

Amplitude thermique

Fraîche Moyenne Chaude

En hiver, une température de 7° C est suffisante, mais au printemps et en été augmenter la température pour stimuler la croissance et la floraison.

Entretien saisonnier

Hiver Printemps Été Automne

Protéger du gel ou du froid extrême. Le bouturage à partir de feuilles peut être fait après la floraison, les racines se feront rapidement. Les semences sont rarement disponibles, mais s'il y en a, ensemencer tôt au printemps à une température de 21° C.

Arrosage

Garder les plantes presque complètement sèches en hiver. Arroser librement en été, tôt ou tard dans la journée.

Sol

Un compost très poreux comprenant de l'humus est nécessaire. Employer un terreau de feuilles, de la tourbe et du sable liant graveleux en parties égales.

Orchidées

Magnifiques, mystérieuses, fascinantes, superbes: plusieurs superlatifs ont été utilisés à bon escient pour décrire la plus grande famille de plantes fleuries, les orchidacées. Allant de pair avec la mystique de l'orchidée, des mythes et des faussetés sont véhiculés à son sujet: elle est dispendieuse, elle est parasite, elle a besoin de la coûteuse fibre d'osmondée importée du Japon, elle nécessite une température élevée.

La vérité est que les hybrides modernes disponibles à un prix raisonnable ne sont pas trop difficiles à cultiver. Les orchidées réussissent dans diverses conditions et ne sont pas des parasites!

Les orchidées ont une longue histoire, même si elles ne furent connues en Europe qu'au milieu du dix-septième siècle. Le terme orchidée vient du mot grec 'orchis' qui signifie 'testicule', un terme qui décrit les racines des orchidées, des tubercules venant en paire. Cette partie de la plante fut considérée pendant des siècles comme ayant une valeur médicinale. Les scientifiques croient maintenant que les orchidées sont apparues il y a 100 à 120 millions d'années, probablement en Malaisie.

Les orchidées poussent de deux façons, monopode, ou sympodique. La plupart des orchidées sont sympodiques, y compris les cymbidiums, les paphiopedilums et les odontoglossums. Ces orchidées produisent une succession de pousses connectées à un court rhizome. Elles produisent souvent un pseudo-bulbe qui permet à la plante d'emmagasiner de l'eau et des nutriments pour les périodes de disette.

Les phalaenopsis et les vandas sont des exemples d'orchidées monopodes. Ils ont une seule tige qui, chaque année, produit de nouvelles feuilles à partir de l'apex de la

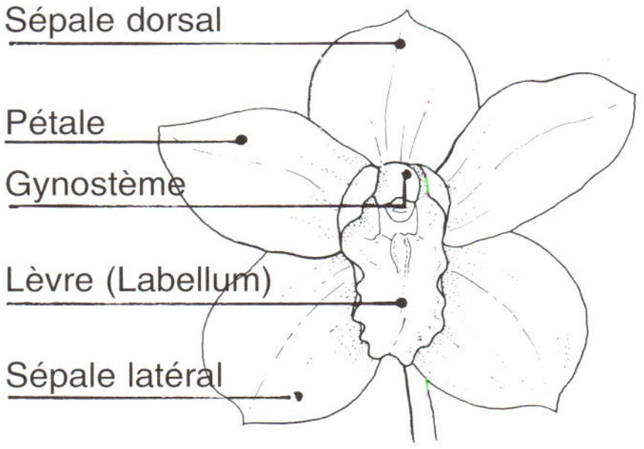

Structure de la fleur (Cymbidium)

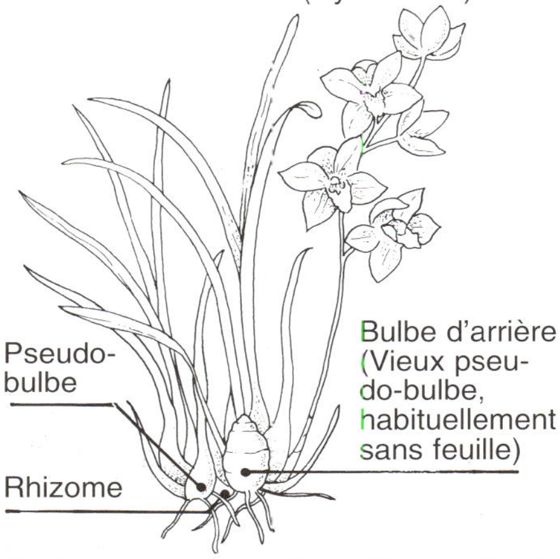

Croissance sympodique (Cympodium)

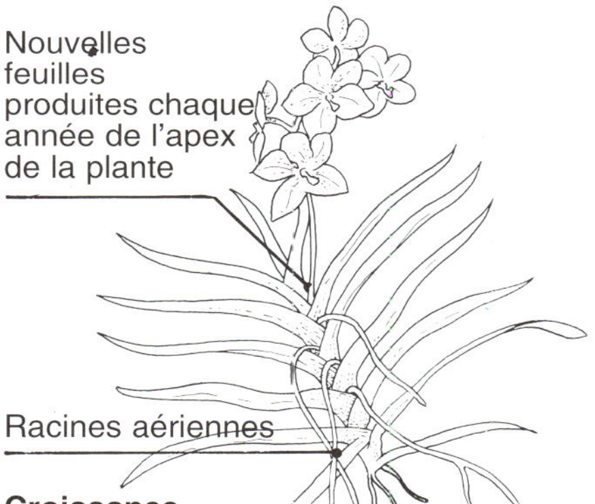

Croissance monopode

Toutes les orchidées ont la même structure florale (en haut). Ici, deux exemples de styles de croissance, sympodique (au centre) et monopode (en bas).

plante et ils ont souvent des racines aériennes. La plupart des orchidées monopodes sont épiphytes, viennent des tropiques et ne produisent pas de pseudo-bulbes.

Toutes les orchidées sont semblables, car elles ont trois segments floraux externes (les sépales) et trois segments internes (les pétales) dont l'un est modifié en une lèvre ou labellum. Les étamines et le stigmate, (les organes sexuels de la plante), forment ce qui est appelé le gynostème. Cette structure est commune à toutes les orchidées. Mais l'immense variété des orchidées est probablement plus frappante que les similarités. À peu près 100 000 espèces d'orchidées et d'hybrides existent aujourd'hui. Les fleurs vont de très grosses à minuscules. Certaines orchidées sont flamboyantes et colorées; d'autres sont fades et insignifiantes. Certaines ont des senteurs exquises, d'autres exhalent des odeurs nocives. La structure de la fleur varie également.

Cette grande variété est due au travail moderne d'hybridation. Dans la nature, seulement un très petit pourcentage de semences deviennent des plantes. La percée scientifique a permit l'hybridation de plusieurs populations de semences. La production de plantes par la culture des tissus, une technologie développée dans les années 1960, fut une immense percée pour les éleveurs d'orchidées. On pouvait dès lors propager ou cloner plusieurs milliers de plantes à partir d'un seul morceau de tissu d'orchidée.

En partie à cause de cette disponibilité accrue, en partie parce que les orchidées sont tellement une bonne valeur pour leur prix, on les cultive comme plante d'intérieur, car plusieurs fleuriront pendant trois mois et refleuriront l'année suivante si on suit les instructions. Certaines de ces magnifiques plantes fleuries, classées selon le genre, sont décrites dans la section qui suit. Bien qu'il existe plusieurs genres d'orchidées, les quatre représentés ici comprennent des plantes parmi les plus aptes à être cultivées à l'intérieur.

Les variétés d'orchidées hybrides comme celles-ci (ci-haut) ont été produites en grandes quantités par la méthode de culture des tissus mise au point dans les années 1960. Le matériel nécessaire à cette méthode est illustré ci-dessous.

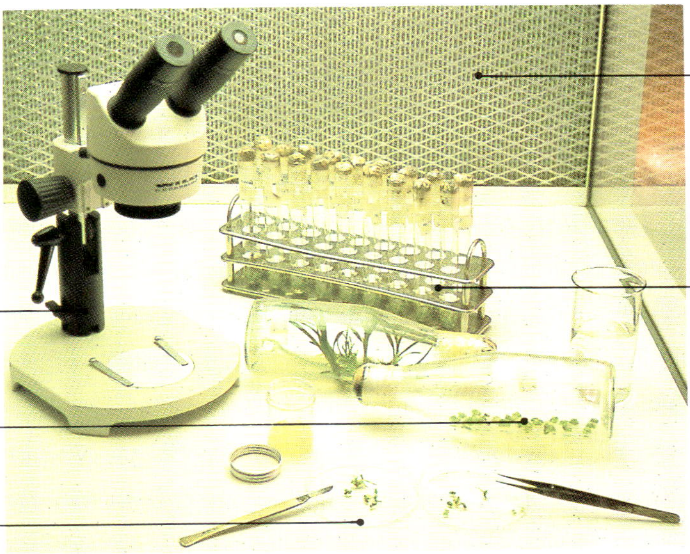

Microscope à dissection employé durant le prélèvement de minuscules lamelles de tissu provenant de l'extrémité d'une pousse de la plante.

Bouteilles contenant une gelée de nutriments. Stérilisés, ils sont mis avec les tissus divisés et placés dans des tubes de spécimen.

Les vases de petri stérilisés contenant du tissu d'orchidée prêt à être sectionné.

Instruments et matériaux dans un laboratoire stérile.

Tubes contenant des nutriments, du sucre, du glucose, des vitamines et des hormones de croissance liquides. Des lamelles de tissu sont cultivées dans cette solution, afin de de se développer à plusieurs fois leur dimension originale.

Bouteilles contenant du tissu d'orchidée se multipliant (à gauche). La bouteille à l'avant-plan montre du tissu prêt à être retiré pour être encore sectionné. La bouteille derrière contient du tissu qui produit des racines et des pousses. Les plantes, clonées par milliers à partir de lamelles de tissu de la dimension d'une tête d'épingle, sont cultivées sur des plateaux spéciaux (à droite).

Température
Les orchidées poussent à différents niveaux de température. Les variétés acceptant le froid demandent un minimum de température nocturne d'hiver de 10° C. En été, la température nocturne ne devrait pas monter au-dessus de 18° C. Les variétés intermédiaires demandent une température minimale de 13° C et la température des nuits d'été est préférable à 16° C. Les variétés nécessitant de la chaleur devrait être cultivées à une température nocturne ne chutant pas à moins de 16° C en hiver. En été, la température nocturne devrait être au moins à 18° C.

Dans tous les cas, la température le jour devrait être au moins de 5° C plus élevée que celle de la nuit. La majorité des orchidées n'aiment pas une température de jour au-dessus de 32° C.

Arrosage
Avec les mélanges de tourbe et de perlite, il est préférable d'attendre plusieurs jours après que la surface soit devenue sèche avant d'arroser. L'arrosage doit se faire généreusement à partir du haut, en employant un arrosoir. L'eau de pluie est préférable à celle du robinet.

Nourriture
Les principaux nutriments requis par la plupart des orchidées sont l'azote, le phosphate et le potassium, un trio souvent appelé a.p.p. Au printemps et au début de l'été, le meilleur fertilisant est composé d'a.p.p. dans une proportion de 20-10-10. À la fin de l'été, à l'automne et en hiver, un fertilisant contenant des concentrations égales d'a.p.p. (20-20-20) est idéal; au début de l'automne, un fertilisant à haute teneur en potasse est bénéfique. La plupart des fertilisants devraient être employés à la moitié de la force prescrite et donnés à intervalles réguliers. Il est très important de nettoyer le compost périodiquement avec de l'eau pure; la meilleure pratique est de fertiliser la plante à chaque arrosage (donnant l'eau selon les niveaux de fertilisant indiqués) et d'utiliser de l'eau pure à tous les quatre arrosages. Assurez-vous de donner un bon lavage afin de nettoyer la plante de tous les sels accumulés dans le compost.

Lumière
Les orchidées ont besoin d'une bonne lumière mais doivent être protégées du soleil direct. Ainsi, placer les plantes devant une fenêtre située à l'est ou à l'ouest au printemps, en été et en automne; les déplacer devant une fenêtre située au sud, en hiver. Protéger du soleil les plantes de la serre par des stores à lattes ou par un matériel approprié.

Humidité et ventilation
Les orchidées ont besoin d'une atmosphère humide pour profiter. Les plantes cultivées à l'intérieur devraient être placées sur un plateau de gravier humide en tout temps.

Les orchidées ont besoin de ventilation. L'ouverture et la fermeture normales des fenêtres durant la journée devrait rafraîchir suffisamment l'air. Cependant, si les orchidées sont cultivées en serre, des ventilateurs seront nécessaires.

Compost
Dans différentes parties du monde, les orchidées poussent sur divers genres de compost, y compris l'écorce, les pellicules de riz, les noyaux de pêches, la tourbe, la perlite, la pierre ponce, le charbon, le sable, le gravier. Le compost le plus populaire est composé de mousse de sphaigne, de tourbe et de perlite, dans une proportion de deux parties de tourbe pour une partie de perlite. Le pH du mélange devrait être ajusté à pH 6,0 en ajoutant du calcaire, de la chaux et du calcaire magnésien; un fertilisant contenant en parties égales des nutriments et des oligo-éléments devrait aussi être ajouté. Certains horticulteurs trouvent

CONSEILS POUR LE SOIN DE L'ORCHIDÉE

En suivant ces conseils vous garderez vos orchidées dans un état parfait.

1. Choisissez des plantes munies de tuteurs afin que la fleur soit à son avantage.

2. Les plantes en fleurs dureront plus longtemps si la température est tenue légèrement plus basse que l'idéal.

3. Ne jamais tenir une plante près d'un radiateur.

4. Si possible, grouper les plantes.

5. Essayer de donner aux plantes un plateau de gravier pour que la base du pot soit humidifiée. Il y aura ainsi de l'humidité tout autour de la plante.

6. De temps à autre des feuilles tombent. Ne vous inquiétez pas, c'est tout à fait normal.

7. Lorsque la plante a terminé sa floraison, couper la tige à 3 cm de la base.

8. Ne pas arroser avant que le compost soit partiellement sec. Alors, bien détremper.

9. Donner du fertilisant tel que recommandé. Ne pas augmenter les concentrations; les plantes ne peuvent utiliser les nutriments et une fertilisation excessive risque de susciter d'autres problèmes.

10. En rempotant choisir un pot qui donne suffisamment d'espace pour la croissance d'une année, plutôt que de trop charger le pot.

11. Après avoir rempoté, immerger trois fois. Le compost doit alors sécher complètement, ce qui devrait prendre de deux à trois semaines, avant d'être arrosé à nouveau.

1 Bouturage d'une orchidée Cette plante est prête à être divisée. Retirer d'abord les bractées mortes. Chaque nouvelle division devrait avoir deux bulbes avec des feuilles et, si possible, une nouvelle pousse.

2 Se servir d'un couteau stérilisé pour couper le court rhizome attaché aux bulbes, mais séparer les bulbes avant de couper le rhizome.

3 La plante peut maintenant être retirée du pot et les divisions séparées. Si nécessaire, couper les racines pour faciliter la séparation des divisions.

4 Enlever toute racine brisée ou dégradée jusqu'à atteindre du tissu sain ou des racines non brisées. Les racines endommagées vont pourrir et empoisonner le nouveau compost.

5 Enlever les bulbes sans feuille (appelés les bulbes d'arrière) des divisions principales. Couper le court rhizome qui les connecte et nettoyer les racines.

6 Ici, deux divisions ont été faites et on a obtenu trois bulbes d'arrière. Les racines des divisions ont été coupées et les bulbes d'arrière nettoyés.

7 Choisir un pot pour la division qui permettra la croissance d'une année et placer un bon rang de matériel de drainage à la base (voir les procédures de rempotage en page 138).

8 Pour les bulbes d'arrière, qui n'auront probablement pas de racines, choisir un pot juste assez grand pour les insérer, avec suffisamment de drainage à la base.

9 Placer le bulbe d'arrière au centre du pot. Les divisions rempotées et les bulbes d'arrière devraient recevoir une bonne immersion, en laissant le compost sécher avant le prochain arrosage. Sceller les bulbes dans un sac de plastique et le suspendre dans un endroit chaud jusqu'à ce que les pousses émergent.

Rempotage d'une orchidée La première étape est de nettoyer la base de la plante en enlevant les bractées mortes et les mauvaises herbes. Enlever la plante du pot.

Choisir un pot qui permettra une année de croissance. Placer un rang de matériel de drainage au fond du pot; du polystyrene ou du perlag fera l'affaire.

Placer la plante sur le matériel de drainage et commencer à remplir de compost autour de la balle de racines. Continuer à mettre du compost autour du pot, en le tapant quelques fois sur la table pour s'assurer que le tout est bien tassé. Presser avec les doigts sur les côtés et le dessus et ajouter du compost jusqu'à 2,5 cm du dessus.

que les mélanges de perlite sont difficiles, pour l'arrosage et ils ajoutent souvent de l'écorce pour ouvrir le compost.

Bouturage

Bouturer les orchidées sympodiques tôt au printemps ou immédiatement après que la plante a terminé sa floraison. Nettoyer et tailler la plante avant de la diviser. Ne pas faire de division de moins de deux ou trois bulbes. Couper le court rhizome qui connecte les bulbes à l'aide d'un couteau stérilisé. Lorsque toutes les coupes ont été faites, sortir la plante du pot, séparer et trier les nouvelles divisions.

Il est aussi possible de multiplier les orchidées sympodiques en enlevant les bulbes d'arrière sans feuille et en les empotant dans de petits pots. Les bulbes devraient être placés à la chaleur et à l'ombre, ou en encore, enfermés dans un sac de polythène et accrochés. Après quelques semaines, presque tous auront fait de nouvelles pousses et pourront être enlevés du sac et cultivés normalement.

Les orchidées monopodes sont difficilement bouturables. Cependant, les 'keiki' (de petites plantules produites comme des surgeons) émergent parfois de la base de la plante ou du noeud de la tige de la fleur. Lorsque ces keiki ont produit des racines, couper les plantules et les empoter de la manière habituelle.

Insectes nuisibles et maladies

Les orchidées ne sont pas particulièrement sensibles aux insectes nuisibles. Les limaces et les escargots peuvent attaquer les jeunes plantes, les tiges des fleurs et les bourgeons, mais des boulettes de métaldéhyde et des copeaux placés entre les tiges et le bulbe, devraient prévenir le danger. La tétranyque, le puceron et les coccidés apparaissent parfois mais peuvent être contrôlés avec un insecticide.

En achetant un bon produit, bien propre, on prévient les maladies. Si une plante manifeste des signes de virus, la détruire immédiatement, elle pourrait contaminer les autres.

Rempotage

Les orchidées doivent être rempotées à des intervalles différents selon l'espèce ou l'hybride. Pendant cette opération, s'assurer de tailler et de nettoyer la plante au préalable. (Dans le cas des orchidées sympodiques, enlever les bractées portant des feuilles mortes autour des pseudo-bulbes.) Ensuite, sortir la plante du pot et vérifier si le compost est en bonne condition. En même temps, vérifier le système racinaire pour détecter la décomposition.

Si les racines et le compost sont en bonne condition, choisir un pot qui assurera une année de croissance. À la base du pot, placer des morceaux de polystyrène ou de perlag grossier pour faciliter le drainage. Insérer la plante et, verser le nouveau compost autour de la balle de racines. Taper le pot sur la table pour bien tasser le compost autour des racines. Puis, presser fermement sur les côtés du pot et remplir jusqu'à 2 cm du bord.

Si les racines et le compost sont en décomposition, enlever tout le compost et nettoyer les racines afin que seules les saines demeurent. Si les orchidées sont sympodiques, enlever tout pseudo-bulbe sans feuille en coupant avec un couteau stérilisé les courts rhizomes qui sont reliés au bulbe. Les plantes dont les racines sont pourries devraient être divisées en morceaux qui contiennent deux pseudo-bulbes et une nouvelle pousse. Rempoter en plaçant du matériel de drainage au fond du pot.

Cymbidiums

LES CYMBIDIUMS SONT de loin les orchidées les plus populaires au monde. La raison saute aux yeux de qui a pu en admirer. Ces plantes sympodiques ont un feuillage très gracieux. Elles produisent des fleurs aux couleurs variées et aux lèvres dont les marques s'harmonisent ou contrastent avec le reste de la fleur. Le mot cymbidium vient du grec 'kymbe' signifiant 'bateau' et fait référence à la forme de la lèvre. Les cymbidiums sont les orchidées les plus faciles à cultiver. Dans la nature, ils vivent dans des climats variés, de la forêt au désert.

Deux types de cymbidiums sont disponibles. Les horticulteurs les appellent cymbidium standard (à grandes fleurs) ou miniature. Ce dernier convient

Cymbidiums miniature
Époque de floraison, automne tardif.

Les cymbidiums miniatures ont notamment pour ancêtre l'espèce *Cymbidium pumilum.* Ce beau choix (en haut) montre la variété des couleurs disponibles avant Noël.

Cymbidium Strathbraan
(C. Putana x C. New Dimension)
Époque de floraison, automne tardif.

Ce magnifique nouvel hybride (à gauche) fleurit très tôt en saison. Il croît librement et fleurit facilement. Les couleurs des clones vont du blanc très fin au vert glacé en passant par le rose rouge. Les lèvres sont joliment marquées, souvent lourdement tachetées de cramoisi profond.

mieux comme plante d'intérieur, puisque les types à grandes fleurs ont tendance à être trop imposants. Cependant, si vous disposez d'un espace suffisant, rien n'est plus spectaculaire qu'un cymbidium standard.

La plupart des cymbidiums miniatures ont été cultivés à partir de l'espèce japonaise *Cymbidium pumilum*. Cette espèce apparaissait il y a deux générations passées dans l'origine de la majorité des cymbidiums disponibles maintenant et que l'on appelle les types de la deuxième génération. Ces cymbidiums miniatures hybrides ont une petite stature, ils poussent et fleurissent facilement. Leurs fleurs, dans plusieurs variétés de couleurs, sont très jolies et durent jusqu'à 12 semaines.

Les hybrides de l'espèce miniature *Cymbidium devonianum* sont agrémentés de tiges de fleurs arquées et parfois pendantes. Elles peuvent être vertes, jaunes, bronze, ou de nuances apparentées. La plupart des fleurs ont des lèvres bien marquées.

Les hybrides du *Cymbidium ensifolium* arborent de jolies fleurs et sont odoriférants.

CYMBIDIUM

Lumière et position

Les cymbidiums demandent une bonne luminosité toute l'année. Ne pas installer les plantes en fleurs dans un soleil trop vif.

Engrais

Employer un fertilisant à haute teneur en azote au printemps et à l'été et un fertilisant fort en potasse à l'automne.

Amplitude thermique

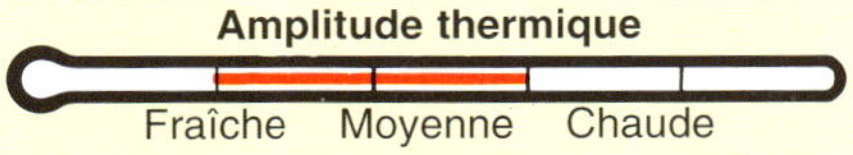

Une température entre 10°-18° C est idéale. Si les plantes sont munies de tiges fleuries, la température nocturne ne doit pas être au-dessus de 14° C.

Entretien saisonnier

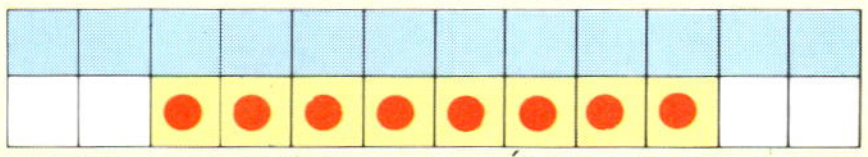

À l'automne, munir les tiges de tuteurs pour les soutenir, en plaçant une bille d'argile entre le bulbe et la tige afin de s'assurer que les bourgeons ne seront pas endommagés. Rempoter au printemps sans trop charger le pot.

Arrosage

Ne pas trop arroser, mais arroser suffisamment par le dessus lorsque le compost a séché.

Sol

Un mélange de deux parties de mousse de sphaigne pour une partie de perlite, avec un pH ajusté à 6,0 est l'idéal pour cette orchidée.

Cymbidium Mary Pinchess Del Rey (*C. pumilum x C. Pajaro*) Floraison — mi-hiver.

Même si la variété illustrée (ci-dessus) fut produite il y a plusieurs années aux États-Unis, elle demeure une des plus belles fleurs jaunes à fleurir tôt. Bien qu'elle ne soit pas aussi facile à cultiver que le *C. Strathbraan*, elle fleurit facilement à sa maturité.

Cymbidium Annan 'Cooksbridge'
(C.Camelot x C. Berwick) Floraison — fin de l'hiver.

Cette plante (à droite) est de loin le meilleur clone dans sa gamme de couleurs, avec les lèvres les plus spectaculaires dans tout le genre *Cymbidium*. La plante pousse et fleurit très facilement; les fleurs sont portées par de fines tiges droites. La première floraison d'un jeune plant aura souvent lieu en décembre et en janvier, mais dans les années suivantes, il fleurira en avril et en mai.

Cymbidium Western Highlands 'Cooksbridge Ice Green'
(C. Western Rose x C. Miretta) Floraison — début du printemps.

Le croisement de la délicate plante verte de reproduction C. Miretta avec le C. Western Rose à fleurs blanches a produit plusieurs magnifiques variétés. Le clone illustré (ci-dessus) est de loin le plus impressionnant par sa coloration vert glacé et ses 18 grandes fleurs portées le long de tiges à demi arquées.

Cymbidium Sutherland
(C. Vieux Rose x C. Miretta) Floraison — printemps.

La coloration rose de cet hybride est inhabituelle (à droite); il peut porter jusqu'à 16 fleurs.

Cymbidium Bullbarrow 'Our Midge'
(C. Western Rose x C. devonianum) Floraison — printemps.

L'hybride C. Bullbarrow (à droite) est le plus intéressant à avoir été produit à partir de l'espèce *C. devonianum* et de l'hybride C. Western Rose. Il a reçu de nombreux prix en Angleterre et ailleurs dans le monde. Il produit des plantes aux tiges de grosseur moyenne. Les fleurs, joliment façonnées, sont dans des nuances de vert, bronze et rose. La plupart ont des lèvres joliment marquées de pourpre.

Cymbidium Highland Wood 'Cooksbridge Poly'
(C. Wood Nymph x C. Western Rose) Floraison — fin de l'hiver.
Les cymbidiums miniatures à floraison tardive sont difficiles à produire. L'espèce miniature *Cymbidium tigrinum* fut employée pour atteindre cet objectif. Dans le cas du C. Highland Wood (à gauche), l'espèce remonte à son origine en deux générations.

Cymbidium Castle of Mey
(C. Putana x C. Western Rose) Floraison — fin de l'hiver.

Le C. Western Rose à larges fleurs a été un parent prolifique et en combinaison avec le C. Putana miniature, il a produit le superbe C. Castle of Mey. L'hybride (ci-dessus) produit des tiges droites aux fleurs surtout blanches et rose pastel avec de jolies lèvres marquées d'écarlate.

Cymbidium Strathmore
(C. Nip x C. Rincon) Floraison — tard à l'automne.

Le *Cymbidium* Rincon à grande fleur est le parent de plusieurs cymbidiums à floraison hâtive. L'hybride fut combiné avec l'exceptionnel *Cymbidium* Nip miniature pour produire des magnifiques plantes aux jolies fleurs roses (à gauche).

Cymbidium Angelicas Loch
(C. Angelica x C. Loch Lomond) Floraison — début de l'hiver.

Le *Cymbidium* Angelica s'est avéré un parent exceptionnel pour les hybrides à floraison hâtive. Sa combinaison avec le magnifique C. Loch Lomond vert produit un éventail de variétés dans les tons de jaune et de vert, la plupart ayant des lèvres magnifiques soulignées d'écarlate. Le clone illustré (ci-dessous) exhibe de jolies grandes fleurs portées par des tiges droites.

Cymbidium Strathdon 'Cooksbridge Noël' (C. Nip x C. Kurun) Floraison — fin de l'automne.

L'hybride C. Strathdon (en bas) produit des fleurs roses. La variété 'Cookbridge Noël' est une des plus belles produites à ce jour.

Cymbidium Christmas Song 'Cooksbridge Flamboyance'
(C. Kurense x C. Rincon)
Floraison — début de l'hiver.

Les cymbidiums bicolores, vifs et attirants, sont une rareté. Ce joli clone (ci-dessus) à la floraison hâtive est un des plus exceptionnels de sa classe. Il produit jusqu'à 15 fleurs, pousse facilement et fleurit en toute liberté.

Cymbidium Sylvia Miller (C. Mary Pinchess x C. Sussex) Floraison — hiver.

Cet hybride (à gauche) produit des fleurs dans les nuances de jaune, orangé et vert. La plupart des plantes ont de fortes tiges fleuries droites, plutôt grosses. Les spécialistes de l'hybridation travaillent à améliorer les habitudes de croissance de la plante. Un ou deux clones ont une floraison tardive.

Cependant, les fleurs ne durent souvent que quelques jours et l'on peut voir apparaître sur le feuillage de vilaines marques noires. Les spécialistes travaillent à corriger cette situation.

Le *Cymbidium tigrinum* est la troisième expèce miniature la plus importante, qui sert surtout d'étalon à cause de sa floraison tardive et parce qu'elle produit des plantes naines compactes, aux feuilles courtes et larges sur de petits pseudo-bulbes. Jusqu'à tout récemment, la palette de couleurs des hybrides dérivés des espèces était limitée au jaune, vert et bronze, mais il y a maintenant des hybrides disponibles dans certaines nuances pastel très jolies.

La plupart des cymbidiums à grandes fleurs sont tirés des espèces birmanes, thaï et vietnamienne et du nord-est de l'Inde — *C. eburneum*, *C. grandiflorum*, *C. insigne*, *C. iansonii*, *C. lowianum* et *C. parishii*. Les types à floraison hâtive possèdent les gènes du *C. traceyanum* et du *C. erythrostylum*. Grâce à l'hybridation, on peut obtenir les cymbidiums à grandes fleurs dans presque toutes les couleurs excepté bleue. Ces plantes fleurissent de l'automne à la fin du printemps.

Les cymbidiums poussent au frais. Ils peuvent endurer des températures nocturnes près du point de congélation et le jour jusqu'à 43° C, bien que ces extrêmes ne soient pas à recommander. La meilleure température de jour pour les plantes adultes est de 13-24° C. Au printemps, en été et en automne, essayer de garder la température de jour sous 29° C et celle de nuit autour de 16° C. En hiver, la température nocturne devrait être de 10° C. La température diurne devrait être de 6° C plus haute.

Rempoter les cymbidiums au printemps et les placer à l'extérieur l'été à l'abris.

Collection de cymbidiums miniature.
Floraison — mi-hiver.

La jolie plante miniature C. Nip utilisée pour la reproduction a produit plusieurs hybrides de grande qualité dans les tons de rose, rouge et orangé. Les plantes illustrées (à gauche) sont typiques. Au début de l'hiver, elles produisent des tiges fleuries facilement.

Cymbidium Aviemore 'December Pinkie' (C. Putana x C. Kurun)
Floraison — début de l'hiver.

Le croisement du C. Putana et du C. Kurun produit des fleurs de qualité supérieure aux tonalités pastel juqu'au rose profond en passant par l'orangé. La variété illustrée (ci-dessous) pousse librement et fleurit facilement.

Cymbidium Highland Surprise 'Cooksbridge Alba'
(C. Loch Lomond x C.Sussex Dawn)
Floraison — fin de l'hiver.

Le spécialiste de l'hybridation du cymbidium a cherché ces dernières années à produire des orchidées albinos de haute qualité. La variété illustrée (ci-dessus), possède des tiges droites supportant jusqu'à 10 fleurs.

Cymbidium Caithness Ice
(C.Caithness x C. Miretta)
Floraison — fin de l'hiver.

Ce bel hybride est le produit de deux parents illustres, C. Caithness et C. York Meredith. Les rejetons de cette union ont des fleurs vertes aux jolies lèvres rondes, marquées de rouge. Le clone illustré (ci-dessus) est facile à cultiver et fleurit librement.

Phalaenopsis

Orchidée papillon

Le botaniste hollandais Karel Lodewijk Blume a établi ce genre en 1852 lorsqu'il découvrit le *Phalaenopsis amabilis* et qu'il lui trouva une ressemblance avec les phalènes tropicales. Le nom générique vient du grec 'phalaina' qui signifie 'phalène', 'opsis' signifiant 'apparence'.

Ces orchidées exotiques tropicales d'Extrême-Orient sont encore populairement appelées orchidées papillon. Leur croissance est monopode, elles ont une seule tige qui pousse vers le haut, produisant de nouvelles feuilles à intervalles réguliers. Ces plantes sont surtout épiphytes. Elles poussent sur les arbres et produisent souvent de nombreuses racines aériennes.

Les spécialistes de l'hybridation ont produit des plantes rayées, tachetées et de couleurs variées. Les fleurs peuvent être de 3 cm à 13 cm de large et éclosent souvent sur de longues tiges arquées.

Plusieurs espèces furent utilisées pour la production de ces hybrides. Le *P. lueddemanniana* produit des fleurs qui éclosent successivement sur la tige ce qui fait que la plante peut fleurir pendant plusieurs mois. Les hybrides sont joliment rayés ou tachetés de couleur.

La *P. stuartiana* arbore des fleurs blanches aux lèvres brun pourpre et les sépales inférieurs sont marqués de la même façon. Ces caractéristiques se retrouvent chez sa progéniture. La *P. schilleriana* est une espèce magnifique au feuillage superbe, aux jolies fleurs roses et qui se trouve dans l'ascendance du beau phalaenopsis.

Originaire des Philippines, la *P. amabilis* a donné la grande orchidée phalaenopsis blanche connue aujourd'hui qui est présente dans l'ascendance de certaines autres phalaenopsis.

D'autres espèces de qui furent tirés les hybrides modernes comprennent la *P. fasciata*, la *P. fuscata*, la *P. mariea*, la *P. amboinensis* (surtout utilisée pour produire de jolis types jaunes) et la *P. equestris*. C'est probablement la phalaenopsis la plus commune aux Philippines et elle a été employée pour engendrer des types aux rayures bonbon et aux lèvres rouges.

Les orchidées phalaenopsis nécessitent une grande humidité et une température élevée. La température idéale pour la nuit est d'environ 18° C. Certains horticulteurs emploient un mélange de compost composé de deux parties d'écorce, deux parties de mousse de sphaigne et une partie de perlite avec un pH de 6,0 pour les phalaenopsis. D'excellents résultats peuvent aussi être obtenus avec un compost d'écorce de 1 cm. Essayer de garder le centre de la plante sec, car l'eau à cet endroit pourrait la faire pourrir. Placer les plantes dans un endroit éclairé.

PHALAENOPSIS

Lumière et position

Ces orchidées ne devraient pas être exposées au soleil direct mais placées dans un endroit éclairé.

Engrais

Employer un fertilisant riche en azote durant le printemps et l'été, et élevé en potasse tôt en automne.

Amplitude thermique

Fraîche Moyenne Chaude

Les phalaenopsis proviennent des pays tropicaux et doivent être maintenues à des températures élevées. Le degré idéal sera de 18°-27° C durant le jour.

Entretien saisonnier

Hiver Printemps Été Automne

Rempoter au printemps et en été.

Arrosage

Ces plantes sont épiphytes, il est donc de la plus grande importance que le compost ne devienne pas saturé d'eau.

Sol

Un compost ouvert est préférable pour les phalaenopsis. Un mélange de deux parties d'écorce, deux parties de mousse de sphaigne et une partie de perlite, au pH ajusté à 6,0 est idéal. Ne pas trop charger le pot. Ces plantes sont monopodes et ne requièrent pas d'espace pour la production de nouveaux pseudo-bulbes.

Phalaenopsis Temple Cloud 'Mount Hood' (P. Opaline x P. Keith Shaffer) Floraison — n'importe quand.

Cet exemple (autre page) d'une phalaenopsis blanche moderne fut engendrée directement de l'espèce P. amabilis. Cet hybride est capable de produire une tige ayant plus de 18 grandes fleurs dans un élan gracieusement arqué.

Phalaenopsis Space Queen 'White Gold' (P. Temple Cloud x P. Barbara Moler) Floraison — n'importe quand.

Lorsque vigoureux, cet hybride (ci-dessus) donne des fleurs de bonne dimension et produit souvent des tiges comportant plus de 20 fleurs.

Palaenopsis Solvang 'Portland Star' (P. Lena Martel x P. Barbara Moler) Floraison — n'importe quand.

La phalaenopsis Barbara Moler a prouvé qu'elle était un parent exceptionnel pour la production de fleurs tachetées, rayées comme des bonbons, jaunes ou comme le type illustré (à droite). Cet hybride peut produire jusqu'à 15 fleurs.

Odontoglossums

LE GENRE *Odontoglossum* fut trouvé par W.H. Alexander von Humblodt en 1815 et comprend approximativement 300 espèces. Son nom combine deux mots grecs, 'odous' signifiant 'dent' et 'glossa' signifiant 'langue'. Ils font référence aux projections en forme de dents sur les lèvres des plantes de ce genre. L'odontoglossum est parfois appelé la 'Princesse des Andes'; la plupart des espèces proviennent de l'Amérique Centrale et du Sud et poussent à de hautes altitudes. À la fin du dix-neuvième siècle et au début du vingtième, des bateaux regorgeant d'odontoglossums apportaient en Angleterre de magnifiques variétés d'*Odontoglossum crispum*. Ces variétés étaient très recherchées et elles furent intensivement utilisées par les pionniers de l'hybridation des orchidées.

Ce que les cultivateurs d'orchidées appellent 'l'alliance odontoglossum' englobe les odontoglossums et plusieurs autres genres connexes, y compris *Brassia*, *Cochlioda*, *Oncidium* et *Miltonia*. De ce groupe sont tirées les plus belles fleurs au monde et certains des meilleurs hybrides modernes. Les fleurs ont une envergure de 8 à 10 cm et sont portées par des tiges qui supportent jusqu'à 30 fleurs. Elles existent dans toutes les couleurs imaginables, avec toutes sortes de dessins et de marbrures. Plusieurs des hybrides intergénériques sont issus d'espèces de genres divers dans cette alliance.

Une des plus importantes espèces est l'*Odontoglossum crispum* qui se retrouve en arrière-plan de nombreux hybrides. La majorité des crispums d'aujourd'hui sont blancs, parfois marqués de pourpre ou de rouge.

L'*Odontoglossum luteo-purpureum*, l'*O. harryanum* et l'*O. triumphans* ont engendré des hybrides odontoglossum jaunes, alors que les jolis hybrides odontioda connus aujourd'hui ont été engendrés à partir d'une espèce appelée *Cochlioda noezliana* à petites fleurs rouge brillant.

Deux autres hybrides intergénériques, l'odontoncidium (odontoglossum x oncidium) et le wilsonara (odon-

Odontoglossum Alliance. Floraison — n'importe quand.

Les orchidées de l'Odontoglossum alliance (à droite) sont de couleurs très variées. Celles-ci sont des petits semis de premières floraisons. Des plantes plus fortes produiraient jusqu'à 15 fleurs sur des tiges arquées.

ODONTOGLOSSUM

Lumière et position

Les odontoglossums nécessitent de la lumière, mais les rayons du soleil ne devraient pas tomber sur leurs feuilles.

Engrais

Employer un fertilisant élevé en azote au printemps et en été, et un fertilisant élevé en potasse au début de l'automne.

Amplitude thermique

Fraîche Moyenne Chaude

La température nocturne devait être de 10°-14° C et celle du jour entre 16°-21° C.

Entretien saisonnier

Hiver Printemps Été Automne

Enlever toutes les feuilles pourries et vérifier la tenue des tiges, les supporter au besoin avec un tuteur.

Arrosage

Ne pas trop arroser, mais le faire suffisamment sur le dessus alors que le compost a séché.

Sol

Le meilleur mélange pour cette orchidée serait de deux parties d'écorce, deux parties de mousse de sphaigne et une partie de perlite avec un pH de 6,0. Empoter lorsque la nouvelle pousse est d'environ 4 cm de long. Un rempotage annuel sera bénéfique sans charger le pot.

toglossum x cochlioda x oncidium) sont pour une bonne part le résultat des espèces suivantes dans le genre *Oncidium*: *O. tigrinum*, *O. wentworthianum*, *O. leucochilum* ou *O. incurvum*.

Le vuylslekeara est un autre hybride intergénérique issu d'espèces d'odontoglossum, de cochlioda et de miltonia. Il montre très clairement l'influence de cette dernière, l'orchidée pensée. Les grandes fleurs plates du genre *Miltonia* sont transmises à sa progéniture. L'orchidée la plus fameuse au monde et certainement celle qui est le plus propagée est la *Vuylstekeara Cambria var. Plush.* Sa popularité vient de la qualité de la fleur, sa facilité de croissance et son habileté à progresser dans des conditions variables.

Les plantes de l'alliance odontoglossum ont des besoins variés en termes de température. La température idéale varie donc en conséquence. La plupart cependant sont heureuses si la température nocturne est autour de 10-13° C. La température diurne devrait être contrôlée pour ne pas monter au-dessus de 27° C si possible. Si la plante est en bonne position et bien enracinée, elle acceptera une température aussi basse que 4° C et aussi haute que 32° C. Ces niveaux de froid et de chaleur causent un certain stress aux plantes, il faut donc limiter leur exposition à ces extrêmes.

L'arrosage est primordial pour ce groupe d'orchidées. Il est très important de ne pas trop arroser; il est préférable d'arroser moins que plus. Utiliser de l'eau de pluie autant que possible.

Les pucerons (aphis) causent parfois des problèmes à ces plantes au sein de l'alliance odontoglossum; on a vu plusieurs fois des plantes attaquées par de fausses tétranyques qui peuvent, chez certaines plantes, être vues comme une maladie virale. Cet insecte nuisible peut être éliminé par un insecticide approprié.

Pour l'empotage, employer un mélange de deux parties de mousse de sphaigne, deux parties d'écorce de séquoia et une partie de perlite, avec un pH ajusté à 6,0 et un fertilisant de base ajouté à la mousse. Rempoter annuellement, lorsque les nouvelles pousses sont d'environ 4 cm de long. Lorsqu'ils ne sont pas en fleurs, les odontoglossums devraient idéalement être placés en serre. Sinon, les garder à l'intérieur à la lumière, mais pas directement au soleil.

Vuylslekeara Edna x Odontioda Mardley. Période de floraison — variée.

Ce bel hybride (en haut) possède des fleurs petites à moyennes, portées par une tige semi-arquée. La pointe large et plate est une caractéristique héritée de l'orchidée miltonia à l'arrière-plan.

Odontioda Le Nez Point (O. Trixon x O. Fremar). Période de floraison — variée.

De forme magnifique, l'odontioda est encore plus attirante par les contours légèrement colorés de ses sépales et de ses pétales (ci-dessous).

Odontoglossum et genres reliés
Floraison — n'importe quand.

Cette exposition d'orchidées et de fougères en serre (à gauche) est seulement un exemple des multiples façons dont les orchidées peuvent être mêlées à d'autres plantes, afin de créer des arrangements floraux intéressants. Les orchidées présentées ici peuvent fleurir à n'importe quel moment de l'année, même s'il y a deux périodes où la floraison est à son maximum, en automne et tard au printemps.

Odontoglossum Crutordo x Odontioda Elpheon
Floraison — n'importe quand.

Cet hybride sans nom (ci-dessous à gauche) que l'on identifie par ses croisements est un excellent exemple d'odontioda très dessiné. Cette première floraison à partir de semis offre des grandes fleurs bien formées. Les plantes adultes peuvent avoir une tige de 20 fleurs.

Odontoglossum Royal Wedding 'Cooksbridge'
(O. Pancho x O. Ardentissimum)
Floraison — n'importe quand.

Ce magnifique hybride (ci-dessus) est conçu d'un lignage d'odontoglossums supérieurs, ayant tous une caractéristique albinos. Les fleurs de cet hybride composaient le bouquet de mariage de Son Altesse Royale la Princesse de Galles. Cette plante est vigoureuse et fleurit librement.

Paphiopedilum

AVANT D'ÊTRE reclassifiés, les paphiopedilums étaient connus comme étant des cypripediums et plusieurs horticulteurs continuent à employer ce nom. Le nom populaire de cette orchidée est Lady's Slipper parce que le troisième pétale modifié, forme un sac qui ressemble à une pantoufle de dame. On trouve les espèces de ce genre en Extrême Orient et dans l'Asie du Sud-Est. Elles présentent un grand nombre de dimensions, de formes et de couleurs.

À cause de sa valeur comme fleur coupée, le *P. insigne* fut à un certain moment le plus courant de tous les paphiopedilums. Il est à l'origine de plusieurs hybrides jaunes et tachetés d'aujourd'hui. Le *P. delenatii*, une agréable espèce rose, a produit une lignée de jolies hybrides aux fleurs roses, alors que le *P. niveum* a donné de superbes hybrides aux fleurs blanches.

Une autre espèce importante dans la multiplication de ce genre est le *P. bellatulum*. Cette plante provenant de Birmanie et de Thaïlande a donné la forme et les larges pétales de plusieurs des meilleurs hybrides paphiopedilum d'aujourd'hui.

Un intérêt accru s'est manifesté ces dernières années pour ce que l'on appelle les 'hybrides primaires'. Ils poussent et fleurissent facilement et sont produits très rapidement à partir de semences.

Les plantes de ce genre devraient avoir une température nocturne de 14° C et une température diurne entre 18°-24° C. Ne laisser pas la température monter au-dessus de 29° C pour de longues périodes.

Les paphiopedilums préfèrent une lumière tamisée plutôt que les rayons directs du soleil. Il ne faut pas les placer près d'une fenêtre. Rempoter les plantes immédiatement après la floraison, de préférence avant la fin du printemps. À

Paphiopedilum Hybrids
Floraison — l'hiver.

Ce joli groupe de paphiopedilums (en-haut à gauche) illustre les différentes formes et couleurs des plantes de ce genre. Alors que la majorité fleurissent en hiver, certaines variétés fleurissent à différents moments de l'année.

Paphiopedilum Brownstone
(P. Hazella x P. Beedon)
Floraison — l'hiver.

Ce paphiopedilum hybride de haute qualité (en haut à droite) produit des fleurs rayées exceptionnelles. C'est une plante compacte qui pousse et fleurit très facilement, habituellement de décembre à février.

l'arrosage, l'eau ne doit pas rester au centre de la plante. Ceci sera dommageable aux bourgeons et aux fleurs. Fertiliser régulièrement durant l'été.

PAPHIOPEDILUM

Lumière et position

Les paphiopedilums aiment une lumière tamisée, mais pas les rayons directs du soleil. L'éclairage doit être indirect.

Amplitude thermique

Fraîche Moyenne Chaude

La meilleure température se situe autour de 14° C la nuit et entre 17°-24° C le jour. Les orchidées dont les fleurs sont tachetées nécessitent habituellement plus de chaleur.

Arrosage

Laisser le compost sécher partiellement avant de donner un bon arrosage aux plantes.

Engrais

Employer un fertilisant fort en azote au printemps et en été et un fertilisant avec potasse au début de l'automne.

Entretien saisonnier

Hiver Printemps Été Automne

Ajuster progressivement l'arrosage selon la saison; le compost nécessitera des arrosages plus fréquents durant le printemps et l'été. S'assurer que l'eau ne se loge pas au centre de la plante. Rempoter au printemps; ne pas trop charger l'empotage.

Sol

Un mélange de deux parties de mousse de sphaigne et une partie de perlite dont le pH est ajusté à 6,0 est idéal pour l'orchidée.

Glossaire

Aisselle
Point où se forment les pousses secondaires des branches et les tiges des fleurs.

Aréoles
Petit coussin de poils sur les côtes ou tubercules de cactus, à partir desquels se développent les épines ou les fleurs - l'endroit de croissance.

Bractée
Feuille modifiée qui naît sur un axe floral. Elle est souvent fortement colorée et de longue durée.

Calice
Partie extérieure de la fleur formée des sépales. Le calice, habituellement dur et vert, protège la corolle interne. Il est parfois de couleur vive et ressemble à la corolle.

Calus
Capsule semblable à du liège se formant sur la partie coupée d'une plante.

Caudex
Tube élargi à la base de certaines plantes. Une base ressemblant à une tige enflée.

Caudiciforme
Qui a la forme d'un caudex.

Cephalium
Couronne de poils se formant sur certains cactus et à travers lesquels apparaissent les fleurs, suivies des gousses contenant les graines.

Compost
Terreau pour la mise en pot. Un compost contenant de la terre est à base de terre ou de terre grasse. Un compost dans lequel la tourbe a remplacé la terre est un compost à base de tourbe ou sans terre. Les formules varient pour les deux types de compost.

Corolle
Élément décoratif principal d'une plante. Habituellement colorée, elle peut être formée de pétales séparés ou fusionnés en une seule unité.

Couche de surface
Couche nouvelle de terreau mise sur une plante en pot, après qu'une quantité équivalente de vieux mélange fut enlevée. La couche de surface est une alternative à un nouvel empotage réalisé pour donner plus d'espace à une plante.

Couronne
Endroit à la base ou au milieu d'une plante duquel émergent la croissance supérieure et les racines.

Crocking
Remplissage d'un contenant par des tessons de poterie afin d'aider au drainage de la terre.

Croissance active
Période durant laquelle une plante fait de nouvelles feuilles, se développe et, dans le cas d'une plante fleurie, produit des fleurs.

Croissance libre
Croisance active, rapide.

Cultivar
Variété produite par culture. C'est la troisième appellation du nom d'une plante décrite habituellement dans la langue du pays plutôt qu'en latin et qui est citée entre guillemets, par exemple, *Heptapleurum arboricola* 'Geisha'.

Cyathium
Terme employé dans la floraison des euphorbes et qui renvoie à plusieurs fleurs unisexuées.

Décidu
Plante qui perd ses feuilles à la fin de la saison de croissance. De nouvelles feuilles apparaissent au début de la saison de croissance.

Dormance
Une période d'inactivité temporaire lorsque la croissance cesse.

Drainage libre
Décrit tout genre de terre à travers laquelle l'eau s'écoule rapidement.

Endémique
Originaire d'un lieu donné.

Épiderme
Couche externe de tissu sur le corps de la plante.

Épiphyte
Plantes non-parasites qui poussent sur d'autres plantes ou sur des rochers.

Espèces
Catégorie botanique se classant immédiatement sous le genre et comprenant des organismes reliés entre eux et aptes à se multiplier . Ils sont désignés par un double nom comprenant le nom du genre suivi d'un terme latin; par exemple, *acalypha hispida* est une espèce dans le genre *acalypha*.

Espèces naines
Espèces petites, à croissance lente.

Étamine
L'organe mâle de la plante porteur de pollen.

Famille
Catégorie la plus vaste et la plus générale dans la classification botanique. Le nom de famille est toujours en latin et se termine par ée, comme Aracée. Chacune des plantes d'une famille est connue par son double titre comprenant le terme générique de la plante et son nom spécifique.

Feuilles persistantes
Plante qui conserve ses feuilles toute l'année.

Fleur
L'organe de la plante servant à la reproduction sexuelle.

Genre
Subdivision de la famille de la plante et le premier du nom double de la plante, par exemple *begonia lucerne*.

Germer
Pousser, croître, se développer.

Gynostème
Trait propre aux orchidées par lequel les fleurs mâles et femelles sont fusionnées.

Habit
Apparence externe de la plante.

Habitat
Milieu géographique naturel propre à une plante.

Habitude de croissance
Style de développement de la plante, par exemple, croissance droite, pendulaire, étendue, basse ou rampante.

Humus
Matière végétale décomposée.

Hybride
Produit de la pollinisation croisée entre deux parents dissemblables.

Inflorescence
Partie fleurie de la plante. Terme se rapportant habituellement à un bouquet, une touffe ou une hampe de plusieurs fleurs regroupées sur une tige unique.

Jardin en bouteille
Flacon de verre semblable à un terrarium. C'est un excellent milieu de croissance pour les petites plantes qui poussent lentement , parce qu'elles sont dans un milieu humide et chaud, à l'abri des courants d'air.

Latex
Sève lactée qui suinte de certaines espèces.

Mimétisme
Ressemblance de la plante à quelque chose de différent, par exemple les conophytums ressemblent à des cailloux.

Monopode
Tige qui pousse sans arrêt d'un point de croissance unique. Ce terme s'applique habituellement aux orchidées.

Monotype
Gène contenant seulement une espèce.

Motte de racines
Encastrement des racines d'une plante et de terreau dans un contenant.

Mousse de sphaigne
Genre de mousse de tourbière employée dans les mélanges à empoter. Elle est souvent utilisée pour les orchidées qui nécessitent un terreau ouvert apte à conserver l'humidité.

Noeud
Point ou jointure sur une tige duquel les feuilles et les pousses émergent.

Nomenclature
Système botanique par lequel on nomme les plantes.

Pédicelle
Tige d'une plante.

Pétales
Segments intérieurs d'une fleur (collectivement appelés le calice)

Pétiole
Queue d'une feuille, tige qui supporte la lame d'une feuille verte.

Pincer
Enlever le bourgeon terminal d'une tige afin de stimuler la croissance des branches latérales.

Plante caractéristique
Plante franche, distincte, qui se démarque. Un spécimen.

Poudre d'enracinement
Poudre à appliquer sur la partie coupée d'une plante afin de stimuler la production de racines.

Pousses
Pointe de la tige où la croissance se produit.

Propagation
Création de nouvelles plantes par reproduction sexuelle ou asexuelle. Deux types de propagation sont possibles, soit la propagation végétative (en utilisant une partie quelconque de la plante comme une feuille, une tige ou un rejeton) ou la propagation par semence.

Pseudo-bulbe
Tige épaisse qui, chez les orchidées, pousse à partir du rhizome. Cette enflure à sa base permet à la plante d'emmagasiner l'eau et d'autres nutriments.

Racine pivotante
Racine forte, souvent la racine principale d'une plante, poussant vers le bas.

Racine tubéreuse
La racine charnue d'une plante.

Rejeton
Nouvelle plante produite habituellement à la base de la plante mature.

Rempoter
Transférer une plante dans un contenant plus grand, afin de donner plus d'espace aux racines croissantes.

Rhizome
Tige charnue, habituellement horizontale et souterraine. Elle sert souvent d'emmagasinage et produit habituellement des racines souterraines et de la croissance en surface.

Rosette
Grappe de feuilles issues de la couronne, soit sur des tiges individuelles ou dans une spirale superposée.

Sépales
Segment séparé d'un calice divisé dans une fleur.

Souche
Partie souterraine d'une plante à laquelle une autre plante peut être greffée. Ce terme est parfois librement employé comme synonyme de rhizome.

Spathe
Grande bractée, parfois de couleur vive, ou feuille modifiée qui entoure ou enferme la hampe florale chez les plantes de la famille des aracées.

Stigmate
La pointe de l'organe femelle de la fleur, le pistil.

Style
Tige qui relie le stigmate à l'ovaire dans le pistil d'une fleur.

Sympodique
Terme souvent utilisé pour les orchidées et signifiant que la tige ou rhizome a des croissances successives. Ceci produit des inflorescences annuelles. Une croissance continue est obtenue par la bifurcation.

Terrarium
Contenant de verre ou de plastique, fermé, servant à faire pousser des plantes.

Terrestre
Croissance dans le sol, sur la terre.

Tubercules
Saillies, enflures sur une plante. Les tubercules sont une caractéristique des cactus.

Versicolore
Terme employé pour décrire les feuilles rayées, marquées ou teintées d'une couleur autre que verte.

Variété
Une subdivision des espèces qui possèdent seulement des différences négligeables par comparaison aux types spécifiques. Les botanistes contemporains utilisent ce terme seulement pour les variations qui existent chez les plantes sauvages, mais le terme est parfois employé pour décrire les cultivars, des variations cultivées. Lorsqu'elles existent, les variétés forment le troisième mot du nom latin de la plante. Les véritables variétés ont habituellement des noms latins par exemple, *pleomele reflexa variegata*.

Index

Les pages indiquées en *italique* renvoient à la rubrique et les illustrations.

REMERCIEMENTS

Les éditeurs remercient particulièrement Clive Innes et Ray Bilton d'avoir fourni les photographies. M. Innes a fourni toutes les photographies qui apparaissent dans la section sur les cactus et les plantes grasses, excepté les deux photographies au bas de la page 105.
M. Bilton a fourni toutes les photographies apparaissant dans le chapitre sur les orchidées, à l'exception des trois photographies au bas de la page 135 et les photographies des pages 137 et 138. Les autres photographies du volume furent reproduites grâce aux personnes suivantes:

Michael Boys, page 13 (les trois du bas), page 16 (les deux du haut), page 64.
Pat Brindley, page 47 (en bas à gauche), page 60 (au centre), page 61 (en haut à droite), page 72 (en haut à gauche), page 98 (en bas à droite), page 100 (à gauche).
Eric Crichton, page 41 (toutes les photographies), page 46 (les deux du bas), page 50 (en bas à gauche), page 54 (en bas à gauche), page 62 (en haut), page 66 (en bas), page 67, page, 69, page 72 (à droite), page 77 (en haut), page 82 (en haut), page 86, page 95, page 100 (à droite), page 102 (à droite), page 103.
Spectrum Colour Library, page 46 (en haut), page 51 (en haut).
Michael Warren, page 66 (en haut), page 68.

Toutes les autres photographies qui sont illustrées sont la propriété de Quarto Publishing Ltd.

Tous les efforts furent faits pour indiquer les détenteurs de droits d'auteur et nous nous excusons à l'avance des omissions qui auraient pu survenir.